英华学者文库

语译哲思

——潘文国学术论文自选集

潘文国 著

中国教育出版传媒集团
出版资助项目

Philosophical Thoughts over Linguistics and Translation Studies:

Selected Essays of Pan Wenguo

高等教育出版社·北京

内容简介

本书根据作者的研究特点和研究领域精选了10篇论文，分为三个部分：哲学语言学、字本位理论和文章学翻译学。第一部分体现了作者对语言研究以及学术研究的基本认识——要有哲学探索精神；第二部分体现了作者从普通语言学角度出发对汉语的根本认识，在此基础上开展汉语与其他语言在理论上的对话；第三部分是作者在总结中国约两千年翻译史基础上提出的中国特色翻译理论——文章学翻译学，以适应当前中国文化对外传译的需求。书名中的"语译哲思"是对这三个方面的概括。"语"指语言学，"译"指翻译学，"哲思"指哲学语言学，是从事一切研究需要的探索精神。

总　序

　　27 年前，在吕叔湘、柳无忌等前贤的关心和支持下，中国英汉语比较研究会获得民政部和教育部批准成立。经过几代人的不懈努力，如今，研究会规模不断扩大，旗下二级机构已达 29 家，其发展有生机勃勃之态势。研究会始终保持初心，秉持优良传统，不断创造和发展优良的研究会文化。这个研究会文化的基本内涵是：

　　崇尚与鼓励科学创新、刻苦钻研、严谨治学、实事求是、谦虚谨慎、相互切磋、取长补短，杜绝与反对急功近利、浮躁草率、粗制滥造、弄虚作假、骄傲自大、沽名钓誉、拉帮结派。

　　放眼当今外语界，学术生态受到严重污染。唯数量、唯"名刊"、唯项目，这些犹如一座座大山，压得中青年学者透不过气来。学术有山头，却缺少学派，这是一个不争的事实。在学术研究方面，理论创新不够，研究方法阙如，写作风气不正，作品细读不够，急功近利靡然成风，这一切导致草率之文、学术垃圾比比皆是，触目惊心，严重影响和危害了中国的学术生态环境，成为阻挡中国学术走向世界的障碍。如何在中国外语界、对外汉语教学界树立一面旗帜，倡导一种优良的风气，从而引导中青年学者认真探索、严谨治学，这些想法促成了我们出版"英华学者文库"。

"英华学者文库"的作者是一群虔诚的"麦田里的守望者"。他们在自己的领域里，几十年默默耕耘，淡泊处世，不计名利，为的是追求真知，寻得内心的澄明。文库的每本文集都收入作者以往发表过的10余篇文章，凝聚了学者一生之学术精华。为了便于阅读，每本文集都会分为几个相对独立的部分，每个部分都附有导言，以方便读者追寻作者的学术足迹，了解作者的心路历程。

我们希望所有收入的文章既有理论建构，又有透彻的分析；史料与语料并重，让文本充满思想的光芒，让读者感受语言文化的厚重。

我们整理出版"英华学者文库"的宗旨是：提升学术，铸造精品，以学彰德，以德惠学。我们希望文库能在时下一阵阵喧嚣与躁动中，注入学术的淡定和自信。"随风潜入夜，润物细无声"，我们的欣慰莫过于此。

我们衷心感谢高等教育出版社为本文库所做的努力。前10本即将付梓，后20本也将陆续推出。谨以此文库献礼中国共产党建党100周年！

中国英汉语比较研究会会长　罗选民

2021年1月5日

自　序

　　1978 年我考取"文革"后第一届研究生，正式开始学术生涯。自那以来四十多年，我的研究领域横跨中外、纵贯古今，兼含语言与文化，基本实现了我关于语言研究"三个打通"的主张（"古今打通、中外打通、语言与文学文化打通"）。在相关领域，我的一些观点引起了学术界乃至社会的关注，主要包括：

　　（1）理论语言学：提出"哲学语言学"或"语言的哲学研究"思想，提出历史与哲学是研究所有问题的基础；

　　（2）对比语言学：构建了对比语言学理论的新体系，首次进行全面的中外对比语言学史研究，首倡改变对比研究的方向（变"英汉对比"为"汉英对比"），建立了宏观的汉英对比研究体系；

　　（3）汉语语言学：作为字本位理论倡导者之一，提出建立普通语言学语境下的字本位理论体系，对百年来的汉语研究进行了历史性的批判，提出了"汉语形位学"理论；

　　（4）应用语言学：是国内公共场所译写规范最早的研究者之一，上海市和国家《公共服务领域英文译写规范》主要起草人之一，关注语言文字的社会应用，提出"100 年来，我们用教外语的方式教母语"等观点，所著《危机下的中文》产生了较大的社会影响；

　　（5）翻译学：是西方当代翻译理论最早的介绍者之一，散文翻译"美文需美译"的主张和实践者，文章学翻译学的倡导者；

（6）汉语音韵学：主张等韵研究中的"齿音枢纽说"，最早进行了古韵图还原的尝试；

（7）汉语构词法：编写了我国第一部汉语构词法研究史，提出了"构词法 = 析词法 + 造词法 + 分词法 + 用词法 + 借词法"的"五合一"汉语构词法体系，提出了汉语外来语研究的新体系；

（8）文化语言学：是文化语言学最早的研究者和支持者之一，构建了一个立足于语言、文化和历史，兼顾理论和实用的命名艺术的体系；

（9）对外汉语教学：提出"对外汉语学"的概念，构建了"对外汉语学"的学科体系；

（10）中文教学：提出"读文写白"的中文读写教学路子，建立"文选阅读、中文知识、语言实践"三结合的中文读写教材新体系；

（11）诗词格律：提出把"平仄"看作一种传统、一种文化来对待的观点，以解决当前诗词理论界和创作界在理解和实施上的困惑；

（12）中国文化对外传播：提出了"三原一正"（"回到原构、理清源流、精读原典、正校译名"）的传承、传播中国文化的新思路，并提出"一部中国文化史就是一部治理学史"的观点。

由于涉猎范围广，我发表的论文也多。根据"英华学者文库""文章最有代表性、影响最大，总字数 10 万至 12 万"的要求，选文有一定困难：如果以上内容均有所涉及，就会显得分散；如果选影响最大的文章，则会由于影响大的文章往往较长（单篇文章常超过两三万字）而无法多选。最后，我选择了如今呈现在读者面前的这三个主题和 10 篇文章。之所以这样选，是出于这样的考虑：

第一，选"哲学语言学"，是因为这体现了我基本的治学态度，即哲学是一切研究的基础。所谓"哲学"，不是指一门学科，而是指一种探索精神，不为陈见（不管是权威的还是外国的）所囿，敢于大胆怀疑、大胆创新。我的研究集中在语言方面，因此我把这个态度叫作"语言的哲学研究"，简称"哲学语言学"。这是目前国内学界特别需要的。

第二，选"字本位理论"，是因为在当前的学术研究中，当年提倡"全盘西化"带来的影响还很大，几乎各个研究领域的理论、体系、方法、术语，乃至争论的焦点，无不来自西方。在这个背景下，"赶超"就成了一句空话。解决这一问题需要回过头来，从最根本的中国事实出发，结合国际学术研究的背景，进行思考，加以提炼。"字本位"理论是一个值得注意的尝试。

第三，选"文章学翻译学"，是因为汉语有两个最根本的方面与西方语言有别：一是组织的基本粒子（西方是 word，中文是字），二是组织的基本方式（西方是 grammar，中文是文章学）。这两方面对所有与语言相关的领域产生影响，包括翻译。中外互译，特别是中译外，有许多特别需要关注的问题。文章学翻译学应运而生，这在当前重视中国文化对外传播的背景下具有重要意义。

从 300 多篇文章中选出 10 篇作为自己的"代表作"，是个"艰难的选择"，也是一个理清自己的学术思想、找出自己的学术生涯中最值得留下来的东西的过程。几经考虑，我选了三个主题，因为觉得这三个方面最重要，在我的研究中也最具有代表性。哲学语言学其实是方法论问题，没有哲学精神，研究无法做得深刻，也很难产生创造性的思想。因此我把它放在第一位。字本位其实不仅仅是个语法单位问题，这是我与其他研究字本位的学者的不同之处，我把它看作语言单位甚至是文化单位，是理解汉语和中国文化的一把钥匙。在我的研究中，凡涉及汉语和中国文化的，都植根于此。因此我把它放在第二位。翻译的核心是什么？归根到底是要让不懂原文的人理解、欣赏原文，不仅是思想之美，还有文章之美。其中"不懂原文"是关键，这是翻译的价值所在。而迄今，翻译理论大多假定读者是懂原文的，因而，尽管理论家们争得面红耳赤，真正从事翻译实践的人几乎都不加理会。真正体谅"不懂原文"的读者的翻译理论大概只有中国自古至严复为止的文章学翻译学。中国要建立自己的现代化翻译理论，恐怕只能在此基础上往前走。我自以为，这是发现了前人未得之秘，因此将其放在第三位。

潘文国

2020 年 12 月 10 日

目 录

第一部分　哲学语言学　　　　　　　　　　　　　　　　　　　1

导言　　　　　　　　　　　　　　　　　　　　　　　　　3

一　哲学语言学——振兴中国语言学的必由之路　　　　　6

二　语言转向对文学研究的启示　　　　　　　　　　　21

三　汉字是汉语之魂——语言与文字关系的再思考　　　34

第二部分　字本位理论　　　　　　　　　　　　　　　　　　　47

导言　　　　　　　　　　　　　　　　　　　　　　　　49

四　字本位理论的哲学思考　　　　　　　　　　　　　51

五　字与语素及其他　　　　　　　　　　　　　　　　67

第三部分　文章学翻译学　　　　　　　　　　　　　　　　　　81

导言　　　　　　　　　　　　　　　　　　　　　　　　83

六　寻找自己家里的"竹夫人"——论中西语言学接轨

　　的另一条路径兼谈文章学　　　　　　　　　　　86

七　从"文章正轨"看中西译论的不同传统　　　　　　99

八　中国译论与中国话语　　　　　　　　　　　　　109

九　文章学翻译学刍议　　　　　　　　　　　　　　122

十　译文三合：义、体、气——文章学视角下的翻译研究　133

第一部分

哲学语言学

导　言

在 David Crystal 编写的 *The Cambridge Encyclopedia of Language* 一书中，哲学语言学（philosophical linguistics）被列为语言学的 15 个分支之一，并被释为："哲学语言学研究语言在解释哲学概念中的作用，以及哲学在语言理论、语言研究方法和语言观察中的地位。"（Crystal 1997:418）这实际上使人无法把它与语言哲学（philosophy of language）区别开来。我为此专门撰文（潘文国 2004），主张严格区别这两个概念，把语言哲学还给哲学界，而在语言学界提倡哲学语言学。哲学语言学不是研究哲学在语言学中的定位，而是回归"哲学"一词的本义（love of wisdom），以穷尽探索的精神思考与语言及语言学相关的各种问题。为此我撰写了一系列文章，对语言研究的一些基本概念，如语言、语言学、语法，以及语音、文字、语义等进行了深入的探讨。这种哲学探索的精神对当前发展中国自己的语言研究、建设自己的语言学科是十分必要的。这一部分，我从发表过的关于哲学语言学的论文中选了三篇。内容如下：

第一篇《哲学语言学——振兴中国语言学的必由之路》从普通语言学的诞生说起，提出了一个命题，"哲学语言学就是普通语言学"，因而哲学语言学是语言研究的根本任务。继而梳理了西方语言学的发展历史和中国引进、借鉴西方语言学的历程，提出秉持这种精神，利用当前机遇，是振兴中国语言学，发展普通语言学的大好时机。

第二篇《语言转向对文学研究的启示》首先从词义上辨析了一个普遍的误解，哲学界和语言学界谈得很起劲的 linguistic turn 其实应该译成"语言转向"，而不是"语言学的转向"。是哲学家们发现了语言在认识世界中的意义，因而借助语言推动了哲学研究的深入，是哲学的发展造就了 20 世纪语言学的发展，而不是相反。文章把"语言转向"的内容归结为三条："语言本体论""语言世界观"和"母语意识"。事实上，这三条内容不仅推动了哲学研究的深入，也是其他与语言相关的学科发展的动力。文章以文学为例，讨论了其对文学研究的意义。

第三篇《汉字是汉语之魂——语言与文字关系的再思考》一文是运用哲学语言学的方法对汉字汉语的深入思考，这也是对源自西方的"普通"语言学理论中语言与文字关系的重新思考。文章认为，汉语与拼音文字语言的不同就在于汉语有索绪尔说的"第二语言"——汉字。汉字的存在造成了汉语与其他语言的最大区别。无视汉字的存在，就无法真正从语言学上认识汉语，也无法使普通语言学真正成为普遍的语言学。这个内容在我的研究体系里介于哲学语言学与字本位研究之间，可以说是两者之间的过渡。放在这个位置，也是作为两个专题之间的过渡。

参考文献

- 潘文国 . 语言哲学与哲学语言学 [J]. 华东师范大学学报（哲学社会科学版），2004(3):96-102.

- CRYSTAL D. The Cambridge encyclopedia of language[M]. 2nd ed. Cambridge: Cambridge University Press, 1997.

一 哲学语言学
——振兴中国语言学的必由之路[1]

2004年我发表过一篇文章《语言哲学与哲学语言学》[2]，主要谈了三个问题：

其一，区别语言哲学与哲学语言学。关键在于，前者是从语言的角度研究哲学，关心的是哲学，要解决的是哲学的问题，是哲学家所关心的，语言只具有方法论的意义；而后者是从哲学的角度研究语言学，要解决的是语言学的问题，是语言学家应该关心的，语言在其中具有本体论的意义。语言哲学与哲学语言学是两个不同的学科，笼统称为语言哲学容易使语言学忽视自己研究的根本目标。

其二，从哲学角度研究语言学也有两种：一种是"哲学家的语言学"，是从某家某派哲学的角度研究语言学，实际上只成为某家哲学的旁证；另一种是"哲学性的语言学"，不从特定的哲学流派出发，而是对语言的方方面面进行哲学性的思考。所谓"哲学性"，就是穷究性，对研究对象进行追根溯源式的思考。

其三，哲学性思考是所有学科都需要的，因而，学科除了可进行横向分类（先分为自然科学、社会科学、人文科学三大门类，再在下面细分）之外，还可进行纵向分类，从理论到实践分成四个层级：学科哲学、学科理论、应用理

1　原载《华东师范大学学报》（哲学社会科学版）2006 年第 6 期，111—117 页。

2　原载《华东师范大学学报》（哲学社会科学版）2004 年第 3 期，96—102 页。

论、应用实践。其间有相承的关系：应用理论是应用实践的基础，对实践有着指导作用；学科理论是应用理论的基础，对应用理论的形成有着指导作用；而学科哲学是学科理论发展的原动力，是学科理论保持生气勃勃的关键。各门学科都有学科哲学层级，在这一层级上，所有学科之间都有着通约性，其研究原则、研究方法、研究成果等都可以彼此借鉴。对于语言研究来说，哲学语言学就是这一最高层级的研究。

本文就是在上述认识和主张的基础上的进一步思考，重点讨论研究哲学语言学对当代中国语言研究的意义，以及中国语言学家所面临的历史使命。

1. 哲学语言学是语言研究的根本任务

首先我们要提到一个人的名字，就是 19 世纪初的德国学者洪堡特。在中国的普通语言学或西方语言学史的教科书上，他的名字总是与"普通语言学创始人"联系在一起。但为什么说他是普通语言学的创始人？他又是怎样创立"普通语言学"的？他创立的"普通语言学"是怎么样的一个体系，是否就是我们现在课堂上学的那种"普通语言学"？在教科书上，诸如此类的问题语焉不详，仿佛只是闪了一下，就"神龙见首不见尾"，"普通语言学"也就一下子跳到 20 世纪的索绪尔了。

而更能引起我们兴趣的是，除了"普通语言学创始人"之外，洪堡特还多了一个"哲学语言学家"的头衔，他的学说也被称为"哲学语言学"。这样两个头衔汇集在一个人身上意味着什么？"普通语言学"和"哲学语言学"到底是什么关系？带着这些问题，我们认真阅读了洪堡特的著作，首先是他作于 1810—1811 年的《普通语言学论纲》（*Thesen zur Grundlegung einer Allgemeinen Sprachwissenschaft*），因为这是他从事语言研究的一个总体思路。读后我们惊讶地发现，洪堡特所主张的"普通语言学"与我们今天几乎已成老生常谈的"普通语言学"恐怕不是一回事。我们今天看到的"普通语言学"，或"语言学概论"教材，新老也许有些区别，但格局差不多：老的往往在开始时讲一下"语言的性质""语言与思维"，就转入了不厌其详的"语音、词汇、语法、文字"

的分析，最后是"语言的分类"；新的教材中间那些内容变成了"音系学、语汇学、语法学、语义学"等，更新的还会加上"语用学"。不管是老的还是新的，教材会告诉你关于语言和那些分支学科的完整的知识。而在洪堡特的《普通语言学论纲》里，我们却完全见不到那些内容。当然我们可以说在洪堡特那时候，这些"学"都还没建立。但仔细研究却发现问题不在此，而在于两者的旨趣根本就不同。洪堡特的《普通语言学论纲》，据译者姚小平说，是从洪堡特一部未出版的著作《总体语言研究导论》（*Einleitung in das gesamte Sprachstudium*）中辑选出来的（参见姚小平 2001）。可见，在洪堡特看来，"普通语言学"就是"总体语言研究"，其任务是：

> 我所说的"总体语言研究"，是指所有起着主导作用的基本原则和历史叙述，它们是有序的、成系统的，有助于语言研究的进行，并可以修正、扩展和丰富语言研究。（洪堡特 2001：4）

可见他的普通语言学要研究的是"起着主导作用的基本原则和历史叙述"，研究的目的是"有助于语言研究的进行，并可以修正、扩展和丰富语言研究"。也就是说，他建立"普通语言学"理论是为了指导语言研究，而不是代替语言研究，更不是和盘托出语音、语法、语义等方面的现成结论，因为这种结论除了作为"知识"供人死记硬背之外，未必能帮助语言研究的进行，更谈不上修正、扩展和丰富语言研究。洪堡特提出的"普通语言学"的任务，更类似于今天所说的哲学语言学的任务。这样看来，对于洪堡特，普通语言学就是哲学语言学，两者是合二而一的。因此他才能理所当然地成为这两门语言学的创始人或主要代表。

然而问题来了，既然洪堡特想创建的是哲学语言学而不是我们今天所看到的那些教科书中的普通语言学，那今天的"普通语言学"是从哪里来的？或者说，是谁创立的呢？答案还是洪堡特，但造成现在这样的局面，却不是他的责任。

此话怎讲？原来问题可能出在翻译上。我们从法国学者贝罗贝（Peyraube,

2001: 352）论《马氏文通》来源的一条注[3]里面看出了问题的端倪。不错，普通语言学这个名称最早是洪堡特提出的，他用的术语是德文的 allgemeine Sprachwissenschaft。但德文中的 allgemeine 一词有两个意义，一个是"总体"的意义，一个是"普遍"的意义。洪堡特的"普通语言学"又称"总体语言研究"，显然用的是"总体"的意义。"普通语言学"在法语中译成了 linguistique générale，而在法语里 générale 却只有一个意义，即"普遍的"，著名的法国 17 世纪 Port-Royal 修道院的《普遍唯理语法》的法文原名就是 *Grammaire Générale et Raisonnée*（1660）。因而如果按照法文的意义去理解，"普通语言学"就成了"普遍语言学"，相当于 universal linguistics。英语的 general linguistics 是从法语翻译过来的，但英语的 general 与法语的 générale 意义又不完全相同，除了"普遍"的意义外，还有"普通""一般"的意义。汉语译成"普通语言学"，"普通"一词里有"普遍""一般"二义，却很难有"总体"的意义。结果除了德语之外，各种语言的"普通语言学"都更倾向"普遍"这一意义，从而把普通语言学理解成了"普遍语言学"。"普通语言学"研究就成了一种以构建普遍适用的人类语言理论为目标的努力。我们现在所见的各种各样普通语言学教科书，几乎都是按"普遍语言学"的路子在编，因而总是企图教给人们"关于人类语言的最普遍的知识"。由于各家各派对"人类语言的普遍知识"理解不一，就出现了各种各样的"普通语言学"流派。由于"普通语言学"都在各说各的，于是对语言的深入探索就成了另一门学科的任务，这就是哲学语言学。

3　"Grammaire générale" means "universal grammar". The term "général" has been fixed in France, especially since Nicolas de Beauzée. 1767. *Grammaire générale ou exposition raisonnée des éléments nécessaires du langage pour servir de fondements à l'étude de toutes les langues.* Paris: Barbou. Very few French linguists at that time would have used the term "grammaire universelle", an exception being Antoine Court de Gébelin. 1816. *Histoire naturelle de la parole ou grammaire universelle.* Paris: Plancher, Eymery & Delaunay. In England, on the contrary, the word "général" was rare, the common term being "universal grammar" (*grammatica universalis*). In Germany, the word used was "allgemein", meaning both "universal" and "général", something like the Chinese term "putong（普通）".

以上的叙述解释了下面这些事实：

其一，在洪堡特那里，哲学语言学和普通语言学合二而一，但今天却要分作两门学科。

其二，哲学语言学是"一"，而普通语言学是"多"。因为按洪堡特的原意，"总体语言研究"重过程，是对语言研究的指导，真正的"人类普遍的语言学"应该只有一家。而现在的普通语言学却以结论代替过程，因而有多少结论就有多少"语言学"，出现那么多的"普通语言学"流派实在是对"普通语言学"的"普通"性的嘲弄。

其三，在我们的纵向学科体系里，"理论语言学"和"哲学语言学"会处在两个不同的层级（见潘文国 2004）。因为客观存在的事实迫使我们重新把研究过程和研究结论区分开来。种种语言学理论应该说是人们对语言进行哲学思考得出的一些结论，它们的存在有其合理性，也适应了一定的需要，但无论如何，结论不能取代思考本身。对于普遍性的追求，不能保证其结论一定具有普遍性。

其四，我们要重新强调哲学语言学，因为这是对思考精神的回归，是对现今已被用滥了的"普通语言学"的超越，回到洪堡特主张的真正的普通语言学，或人类语言的"总体研究"。

2. 以哲学语言学的精神考察古往今来的语言学研究

如果我们理解了理论语言学研究的真正价值在于对语言的哲学思考，在于哲学语言学，我们就会占据制高点。在某种程度上，我们甚至可以"俯视"以往出现过的种种语言学理论。因为这个时候我们所关注的，已不仅仅是这些理论本身，而是这些理论背后体现的语言学思想，特别是语言观和语言研究方法论。这也是理论语言学家和理论语言学史家的真正任务。

用"俯视"这个词，有人会觉得过于狂妄，其实不是。这是走理论创新的必由之路，也是研究境界的一种升华。王国维在《人间词话》中曾说，"古今之成大事业、大学问者，罔不经过三种之境界：'昨夜西风凋碧树，独上高楼，望尽天涯路。'此第一境也。'衣带渐宽终不悔，为伊消得人憔悴。'此第二境界也。'众里寻他千百度，蓦然回首，那人却在，灯火阑珊处。'此第三境界也"。这三个境界反映的是对事业、对学问的执着追求和豁然开朗的过程。如果要描写理论研究从起步到超越的升华，也就是从"仰视"到"平视"，再到"俯视"这三种境界，我们还可以用另外三句诗，都在杜甫的一首《望岳》诗里：

> 岱宗夫如何？齐鲁青未了。
> 造化钟神秀，阴阳割昏晓。
> 荡胸生层云，决眦入归鸟。
> 会当凌绝顶，一览众山小。

前两联是"仰视"，感叹于现有理论的博大精深（"青未了"），"造化钟神秀"更是对现有理论的顶礼膜拜，视若神明，"阴阳割昏晓"则是自感在这些理论的笼罩之下。"荡胸生层云，决眦入归鸟"是"平视"，眼界和胸怀大大开阔，大山已不在话下，也开始容得进各种新的事物、新的思想。到了"会当凌绝顶，一览众山小"，那就是"俯视"。到了这个阶段，我们就能举重若轻，平等看待已有的各种理论，心平气和地观察和分析各家的优劣，进而提出新的、更能综合各家之长的理论和观点。对于创新型的研究来说，学习只是手段，而超越却是根本目标。没有这样一种追求，各项"事业"和"学问"就不会有所前进。以前我们喜欢说"站在巨人的肩膀上"，"站在肩膀上"就必然包含着"俯视"的含义，因为此时你不能再抬着头去看巨人，哪怕是顶天立地的巨人。

从俯视的角度来考察古往今来的语言学研究，我们觉得就有理由对以前的一些学科史研究表示不满。

20 世纪以来出现了一种非常独特的"学术"文体，即学科史，这在 20 世纪以前是很少见的。几乎各门学科，文学、哲学、语言学，乃至语法学，都是如此。学科史的本质是什么？应该是学科思想发展史。但以往的学科史多数都做不到这一点，结果就成了作家作品的编年史，按年代排列有关学科历史上的著名作家、他们的代表作或者作品选读，然后加几句不痛不痒的评述性的文字。这样的学科史对普及学科知识当然可以起到一定的作用，但从学术的角度看，其含金量是不高的。这种情况直到 20 世纪八九十年代以后才有所改变，国内外都出现了一些关于学科思想史的著作。如 Roy Harris、John Joseph 等主编的《语言学思想的里程碑》第一卷、第二卷（*Landmarks in Linguistic Thought* I, *Landmarks in Linguistics Thought* II）。这实际上就是哲学语言学思想的觉醒。

　　同样，我们也有理由对大量的"普通语言学"或"语言学概论"之类的著作表示不满。同学科史类著作泛滥一样，"概论"类著作泛滥也是 20 世纪学术界的一大景观。应该说，概论类著作的出现适应了 20 世纪教育大普及、学术大普及和知识走向民间的需要，本身并没有错。但使我们忧虑的是其背后隐藏的思想，即用结论代替过程，把生气勃勃的探索过程变为生硬僵化的教条。本来，任何学术问题经过研究得到某些暂时的结论是必然的，也是学术进步的表现，但可怕的是，许多"概论""通论"之类的编写者往往都略去了这些结论得出的过程，也回避了在这些问题上尚存在的不同意见和争论。"净化"的结果是使许多本来具有争论性的问题或一家之说，以"定论"的面貌出现，久而久之更成为这一学科的"常识"。如果编写者恰好是位"权威"，或该书由于各种原因发行量较大，这种情况就更有可能发生。结果，本意为普及这门学科的著作反而束缚了学习者的思想，成了学科发展的桎梏。这一现象还没有引起人们，包括教育者和相关责任部门的足够重视。

　　我们还可以站在高处审视以往的语言学发展史，对历史上各种学说的功过做出恰如其分的评价。许多主张，在当时也许曾轰动一时，但时过境迁，有时觉得不过尔尔。例如 19 世纪以来西方语言学关于"科学"的争论，就是如此。最早把自己标榜为"科学"的是比较语言学，1808 年施勒格尔（F. von Schlegel）发表《论印度人的语言和智慧》（"Über die Sprache und Weisheit der Indier"）一文，其理论基础是"比较"，认为只有运用了比较方法的才是

"科学"，并进而把之前的语言研究贬为"语文学"[4]。接着起来的是历史语言学[5]，他们批判前期的比较语言学是"生物学自然主义"。而"科学"的标准是"历史"。保罗（Paul 1980）在 1880 年发表的《语言史原理》（"Prinzipien der Sprachgeschichte"）一文中强调，"历史的方法是唯一科学的方法，其他方法之所以能成为'科学'，也因为使用了不完整的历史方法"。到了 20 世纪，连索绪尔、叶姆斯列夫、布龙菲尔德、乔姆斯基这些大师也走上了轻易否定前人的旧辙。索绪尔本人出身历史比较语言学，但在自己观点转变以后，却反过来把历史比较语言学称为"前科学"，说："他们从来没有找到过真正的语言科学，因为他们从来没有注意为他们的研究对象下过精确的定义。"（转引自 Benveniste, 1964）哥本哈根学派的代表人物叶姆斯列夫则在《语言学基础》（*Prolegomena to a Theory of Language*）一书中提出，在他以前的语言学都不是"真正的科学"，因为它们研究的是语言的各个方面，包括物质的、生理的、心理的、逻辑的、社会的、历史的，唯独没有研究语言本身。而要把语言学变成真正的科学，就必须研究语言本身，必须把语言看作独立配套的自足体系（Hjelmslev 1953）。布龙菲尔德则在其名著《语言论》（*Language*）里批评历史语言学说："为了描写一种语言，人们根本不需要什么历史知识；实际上，凡是让历史知识影响他的描写工作的人，一定会歪曲他的资料。"（Bloomfield 1933）至于乔姆斯基"革命"之全盘否定美国描写主义语言学更是众所周知了："自然科学关心的主要是对现象的解释，那些与解释无关的精确描写对我们毫无用处。"（Chomsky 1971）站在哲学的高度，我们有时会觉得以上这些说法有些可笑。我们能够理解他们想树立自己的新观点的迫切性，但又觉得从历史的发展来看，他们不能正确对待前人，因而也就不能正确对待自己，过分看重自己研究的结果，而没有从哲学语言学的高度，认识到前人的研究固然有他们的局限，但在当时却也是站在时代的前列。同样，自己的研究可能有胜过前人

4　这一观念至今深入人心，认为"科学"的语言学始于 19 世纪，"语文学"则代表着陈旧、落后、"前科学"。

5　今人常把"历史比较语言学"看成一件事，其实在当时是针锋相对的两大派。

之处，但那正是因为自己站在前人的肩膀上，从前人的成就和不足中吸取了营养。从历史的长河看，自己的成就也不过是沧海一粟，只具有相对的真理性，历史还要发展，学术还要前进，后人必然会超越自己。"后之视今，亦犹今之视昔。"我们真正应该重视的，是长江后浪推前浪般的研究过程，而不是历史发展某一阶段的结论。因而，我们今天视为普通语言学"原理""常识"的那些结论，比起哲学语言学的思索过程来，可说是无足轻重。

我们还可以心平气和地审视国内外的种种语言学理论。当前语言学理论的发展，比以往任何历史时期都要繁荣，新理论、新体系、新观点、新视角层出不穷，简直到了应接不暇的程度。但如果有了哲学语言学的立场，我们就能站在高处看待这"芸芸众生"，不会在眼花缭乱的理论中惊惶失措，迷失自己。我们会掌握一杆标尺：真正值得我们尊重的是具有哲学精神的语言学家，真正值得我们重视的是具有哲学观支撑的语言学理论。真正一流的语言学家应该同时是哲学语言学家，例如洪堡特、索绪尔、乔姆斯基、莱考夫等；真正有价值的语言理论都有明确的语言观和方法论的背景。那些哗众取宠、标新立异、为批评而批评、为立论而立论的"理论"根本不值得重视，也许它们很快就会成为明日黄花。

3. 以哲学语言学的精神回顾中国语言学的借鉴和引进

站在哲学语言学的高度，我们还可以重新评估中国语言学所走过的引进和借鉴之路。在中国现代化的进程中，引进和借鉴是必不可少的，语言学也是如此。拒绝引进是错误的，但盲目崇外又大可不必。界限在哪里？

经过反复思索和对历史上经验教训的总结，我们认为，应该建立"引进"分层次的观点。引进是必要的，但什么时候、什么层次，以及引进什么却是需要研究和把握的。我们可以以经济建设为例。

20世纪60年代有过一个口号，叫"造船不如买船，买船不如租船"，后来遭到了批判，说这是反对自力更生。平心而论，从建立自己的船舶工业体系的角度出发，光租船、买船是不行的。但对于两手空空、一无技术、二无资金，而又需要发展远洋运输业的中国来说，买船租船在当时却未必不是一条出路，可以以此来学习技术、积累资金。当然，如果永远买船租船，则永远不会有独立自主的中国造船工业。

由此我们想到，经济技术的引进其实有三个层次。

一是产品层次。例如现成的轮船、现成的机器。在我们一无所有的时候，可以买来先应付急用。

二是技术层次。例如轮船、机器的图纸，某项发明的核心技术，某一技术的关键数据等，许多是今日受到所谓"知识产权"保护的东西。在我们的产业和经济发展到一定程度的时候，可以进行有偿技术转让，引进这些东西。

三是思路层次。即某项发明、某项技术背后的思路。如果说机器及图纸还可以花钱购买的话，这些东西却是在设计人员或技术人员的大脑里，是花钱也买不到的。然而这却是所有技术和发明的关键和核心。思路没法直接"引进"，但它却体现在产品及技术里，只有靠自己的思索才能得到。而只有有了自己的思路，才能有自主创新的技术和产品。

这三个层次，第一个可作疗饥解渴之用，第二个也许可使你与被引进者并驾齐驱，只有第三个才使你有可能赶上并超过被引进者。

中国语言学的借鉴和引进也有这三个层次：

第一个层次是现成的语法体系的引进，这是马建忠、黎锦熙阶段的事；

第二个层次是语言学理论的引进，这是从 20 世纪 40 年代的"三大家"[6]到现在还有人一直在做的事情；

第三个层次即哲学语言学的层次，即引进西方语言学理论的立论之本，从中思索建立中国语言学的思路，这正是我们要推崇的。

第一个层次的引进使我们从无到有，开始了"现代的"中国语言学；第二个层次的引进使我们的语言研究不断繁荣，人家有什么我们也就有什么；只有第三个层次才有可能使我们超越西方语言学，建立中国自身的语言学。

---

6 指吕叔湘的《中国文法要略》、王力的《中国语法理论》和高名凯的《汉语语法论》这三部 20 世纪 40 年代影响最大的中国语法理论著作。

中国的问题在于多数人的观念还停留在第二个层次，许多人至今还在鼓吹要"不断引进"，以为这是发展中国语言学之路。但我们断定这条路不会成功。因为第一，如上所说，西方现在任何一家所谓的普通语言学，其实都还说不上是真正普遍适用的语言学，只具有相对的真理性，可能适合汉语，也可能不适合汉语，适合汉语的，也只是某方面适合，而别的方面未必适合。第二，从逻辑上来说，你在赶，别人也在走，因而第二层次的引进永远达不到赶上，更不要说超过西方语言学的目标。当前的中国特别需要加强的是哲学语言学的研究。

4. 哲学语言学——振兴中国语言学的必由之路

中国正处在历史上最好的时期，中华民族伟大复兴将在21世纪成为现实。中国语言学的发展也面临着历史上最好的机遇，这就是，汉语受到世界各国前所未有的重视，汉语在国际上传播的步伐正在加快，在客观上和主观上都要求加强对汉语的理论和应用的研究。我们不能设想，到了21世纪中叶中华民族实现了腾飞，各项事业都赶上或走到了世界前列的时候，唯有语言学仍然沿用西方的理论、西方的体系。真到了那一天，中国的语言学工作者将无地自容。

中国语言学要赶上并超越世界先进水平，只有从哲学语言学着手，从对语言，特别是对汉语的根本思考着手。这个问题可以从两个方面考虑。

第一，人类普通语言学的新突破有赖于汉语的真正介入。

在设计"总体语言研究"的时候，洪堡特（2001：6）指出：

> 唯有不断地立足经验，并且不断地返回经验，才能最终实现上述目标。但如果我们不能全面地搜集和筛选所有现存的语言材料，并予以系统的归整和比较，经验便难免会导致偏见和误识。

这就是说，普通语言学的发展有待于新材料的发现和新视角的切入。在普通语言学发展史上，每一次重大进展都是这样实现的。

普通语言学以多语言接触为前提，古希腊和古代中国一样，基本上属于单语社会（有方言），其时一些哲人对语言的思考一般不属于普通语言学的范围。普通语言研究应从希腊语跟外语特别是拉丁语的接触开始，其标志就是约公元前1世纪特拉克斯语法的诞生，这是一部为教罗马人学希腊语编写的希腊语法书，因而特别注重词的分类和词的形态变化。

中世纪以拉丁文为欧洲共同语，文艺复兴以后各世俗语言（意大利语、法语、英语等）相继产生，要在众多语言中维护拉丁语及法语的霸主地位，这就是《普遍唯理语法》产生的历史背景。

历史比较语言学的产生是由于"梵文"的发现，以及后来达尔文学说的影响。

洪堡特是语言学家中懂的语言最多的人之一，除了欧洲古典语言之外，他还熟悉梵语、匈牙利语、巴斯克语、塔塔尔语、闪语、印第安语、汉语、日语、卡维语、缅甸语等（徐志民 1990：55）。

美国描写主义语言学的兴起是由于人类学的发展及调查美洲印第安人语言的需要。

索绪尔、乔姆斯基、莱考夫等的语言学都与20世纪哲学及心理学的发展有关。

目前普通语言学的发展正面临着另一个机遇，即汉语的真正加入。虽然洪堡特的时候汉语就已引起了西方语言学的注意并被列为语言类型学中"孤立语"的典范，但由于中国当时的地位及影响，西方语言学家并不真正了解汉语，而汉语语言学家也几乎没有参与普通语言学的研究。这个情况今天可能改变。

第二，中国语言学者要主动承担起历史赋予我们的重大使命。

哲学语言学的提出，赋予了中国语言学家前所未有的历史使命。这个使命可说是三重性的。即面对传统、面对未来、面对世界。

首先，面对传统，我们承担着发掘、继承、弘扬中国传统语言学的使命。

20世纪以来的中国语言学取得了一定的成就。但是我们必须看到，这些成就的取得在相当程度上是以放弃传统、无视传统、贬低传统为代价的。因而，古今汉语、古今汉语语言学的研究始终处于断裂的状态。对于一个有悠久历史、有优秀文化遗产的国家和民族来说，这是不正常的。哲学语言学告诉我们，语言研究并没有固定的模式，起源于古希腊的西方语言研究更不是唯一的模式，凡是对语言本质、语言现象的任何认真探索都值得尊重。人们大都承认，世界语言研究有三大传统：印度传统、希腊传统、中国传统。迄今唯有中国传统没有得到过普通语言学的真正重视。除了历史原因，20世纪以来中国自己的大多数语言学家以批判、放弃传统为代价，千方百计将汉语研究纳入西方理论的框架，不能不说是一个重要原因，甚至主要原因。"人必其自爱也，然后人爱诸；人必其自敬也，然后人敬诸。"（出自扬雄《法言·君子》）汉语语言学究竟能不能在世界语言学研究中占有一席之地，这首先要由汉语语言学家来回答。因而，尊重传统、研究传统、继承传统、发扬传统，让传统融入现代、融入世界，是振兴中国语言学无法回避的第一个重大使命。

其次，面对未来，我们承担着继往开来、建设中国语言学的使命。

有人以为，以"小学"为代表的中国传统语言学只能够解释古汉语，"五四"以后现代汉语取代了文言文，传统理论就用不上了，必须要用新的、"现代的"语言学理论。这个说法里有很多似是而非的东西。如果传统语言学能够解释古代汉语，为什么到现代汉语就突然用不上了呢？古代汉语、现代汉语是不是同一种语言？其差别是不是大到必须用不同的理论来研究、来解释？所谓"现代的"语言学理论其实来自印度和希腊语言传统，为什么这两种传统不但能说明西方古代的语言、西方现代的语言，还能说明现代的汉语乃至古代的汉语？然而一百年来的事实又无情地告诉我们，套用"印欧语的眼光"来观察、研究汉语的实践基本上是不成功的，吕叔湘、张志公、朱德熙等前辈学者早就做出了结论。从哲学语言学的眼光来看，我们不相信唯一的模式，不管是中国的还是西方的。但是我们同样尊重任何认真的研究，包括在中国传统模式下的研究和借鉴西方理论模式的研究。因此处在21世纪的中国语言学者其实背负着两个传统：古代以训诂学为中心的老传统和现代以语法学为中心的新传统。我们既要尊重两千年的老传统，又要尊重一百年的新传统；既要尊重使用了两千年、经过千锤百炼的文言文，又要尊重吸收了民间白话文和各国语言（特别是英语）很多新鲜成分的现代汉语，立足于今天，建设一个对汉语具有普遍解释意义的新的语言学。这也是我们任重而道远的历史使命。

面对世界，我们承担着与世界语言学者一起，共同建设比现在的普通语学更具有"普遍性"的普通语言学,为人类语言学研究做出较大贡献的历史使命。

进入 21 世纪,世界已经成了一个地球村。国与国之间、人民与人民之间的交往比以往任何时候都要频繁。随着经济的全球化,不同语言、不同文化之间的接触和碰撞也不可避免。从哲学角度看,个别与一般、共性与个性的矛盾也比以往任何时候都要突出,挑战着人类的智慧。中国语言学者一方面要在继承古今两个传统的前提下,建设具有中国特色的汉语语言学,另一方面又要将这一具有中国特色的汉语语言学融入世界语言研究的大潮里去,为各国语言学家所理解、所接受,这也是一个十分艰巨的任务。这个任务当然也是世界语言学家共同的任务,从洪堡特以来,西方有眼光的语言学家特别是哲学语言学家也确实是在这么做的。但历史的经验告诉我们,这也是落在中国语言学家身上的任务。正如前面所说,当前中国语言学的发展正面临着历史上最好的机遇,真正"普遍"的普通语言学的发展也因为汉语和汉语研究的强势加入而正面临着历史上又一个伟大的机遇,两者携手共进,世界语言学将迎来又一个美好的春天!

参考文献

• 洪堡特 . 普通语言学论纲 [M]// 姚小平,编辑、译注 . 洪堡特语言哲学文集 . 长沙:湖南教育出版社,2001:4-10.

• 潘文国 . 语言哲学与哲学语言学 [J]. 华东师范大学学报(哲学社会科学版),2004(3):96-102.

• 徐志民 . 欧美语言学简史 [M]. 上海:学林出版社,1990.

• 姚小平,序 [M]// 洪堡特 . 洪堡特语言哲学文集 . 长沙:湖南教育出版社,2001:III.

• ALLEN J P B, VAN PALUL B (eds.). Chomsky: selected readings [M]. London and New York: Oxford University Press, 1971.

• BLOOMFIELD L. Language [M]. New York: Holt, 1933.

• CHOMSKY N. The current scene in linguistics: present directions [M]// ALLEN J P B, VAN BUREN P. Chomsky: selected readings. London: Oxford University

Press, 1971.

- CRYSTAL D. The Cambridge encyclopedia of language [M]. 2nd edition. Cambridge: Cambridge University Press, 1997.

- BENVENISTE E. Lettres de Ferdinand de Saussure à Antoine Meillet [J]. Cahiers Ferdinand de Saussure, 1964 (21): 89-135.

- HJELMSLEV O. Prolegomena to a theory of language [M]. WHITFIELD F J (trans.). Wisconsin: Wisconsin University Press, 1953.

- PAUL H. Prinzipien der Sprachgeschichte [M]. Halle: Nemeyer, 1880.

- PEYRAUBE A. Some reflections on the sources of the Mashi Wentong [C]// LACKNER M, AMELUNG I, KURTZ J. New terms for new ideas: western knowledge and lexical change in late imperial China. Leiden: E. J. Brill, 2001: 341-356.

- SCHLEGEL F. Über die Sprache und Weisheit der Indier: ein Beitrag zur Begründung der Alterthumskunde [M]. Amsterdam: Benjamins, 1977.

二　语言转向对文学研究的启示 [7]

在语言学与文学的关系中，以往人们谈得较多的是彼此间互为基础的重要关系。例如用"文学是语言的艺术"来说明语言对文学的重要性，用"文学语言是典范的语言"来说明文学对语言的重要性等。但 20 世纪初以来，随着西方理论界发生的"语言转向"或"语言学转向"，语言学的地位一下子高了起来，成了所有人文社会学科的领先学科。语言学与文学的关系就变成单向的了。人们只谈如何从语言学出发来研究文学，而很少谈如何从文学出发来研究语言学。不光语言学家是如此，文学家也是如此。这是怎么一回事呢？"语言转向"对文学研究又有什么重要启示呢？本文将探讨这个问题。

1. 是"语言转向"还是"语言学转向"？

首先我们需要探讨的是，20 世纪初哲学上发生的这个转向（英文叫"linguistic turn"）究竟是"语言转向"还是"语言学转向"？一字之差，内涵却是不同的。在英文中，"linguistic"这个词的意义其实是模糊的，既可以是"related to language"（语言的），也可以是"related to linguistics"（语言学的），因此阅读英文论著，会发现作者的观点有时也是含混的，有时像是指"语言的"，

7　原载《中国外语》2008 年第 2 期，68—73 页。

有时像是指"语言学的"。但是在使用中文的时候，这两个概念就非要澄清不可。"语言的转向"和"语言学的转向"所指完全不同。"语言转向"指的是从语言出发去研究所面对的对象，"语言学转向"指的是从语言学理论出发去研究面对的对象。换一句话说，因为"语言学是研究语言的学问"，从语言出发是从语言本身出发，而从语言学出发是从研究语言的学问出发，即把研究语言的结果和方法，也就是各种语言学理论体系用到别的学科上。这两者的不同是显而易见的。从语言出发，不关语言学体系什么事，它只是从现实世界的语言、思维和现实的关系出发，研究其对哲学、文学，也包括语言学在内的各门学科的影响；从语言学理论出发，就离不开某家语言学理论体系的框框，在不同时期用不同的理论体系往其他学科上套，例如用语言学的各家理论把文学重新解释一通。

由于英文在这个问题上的含糊性，在中国也出现了类似情况。"linguistic turn"有译成"语言转向"的，有译成"语言学转向"的。这个问题从来源上看其实是不成问题的。"语言转向"是一个哲学概念，指19世纪和20世纪之交弗雷格、罗素、维特根斯坦等人发起的一场哲学革命，他们认为以往在哲学上的种种纷争归根到底是由于对语言的不同理解开始的，因此要研究世界的真理问题必须要从语言的意义着手。其后，20世纪的西方哲学家如海德格尔、伽达默尔、奎恩、德里达、哈贝马斯等无不从语言出发，进行他们的哲学研究。这里根本没有什么"语言学转向"的影子，试问：弗雷格和维特根斯坦的研究的依据是什么语言学理论？确实有在哲学基础上形成的语言学流派，例如莫尔的符号学、奥斯汀和塞尔的言语行为理论等。因此，是"语言转向"而不是"语言学转向"，这是我们必须明白的第一个命题，文学研究者尤其必须清楚这一点。

明白是"语言转向"而不是"语言学转向"，我们就会知道，早在"现代语言学"各种理论流派形成之前，从"语言转向"引起的文学研究就已经开始了。如20世纪上半叶俄国的形式主义文艺批评和美国的新批评，其背后都有语言转向的影子。把语言学理论运用到文学上的研究也有过，如一度盛行的结构主义方法。不过这时结构主义已不仅仅是一种语言学理论，而且被视为一种哲学方法论。用结构主义方法来研究文学就是把一个个文本看作一个个系统，把作品的构成成分看作"符号"，研究其"意义"和"关系"。例如国外有人用这一方法来分析杜甫的《秋兴八首》，其结果是把诗歌搞得支离破碎，据我看不能算成功。这提醒我们：从语言角度来研究文学不是指具体的语言学理论。把各种具体的语言学理论用到文学上，不是不可以，但必须非常谨慎，不要说了半天，只剩下语言学理论，把文学说没了。

2. "语言转向"的基本精神

那么，"语言转向"的基本精神或基本内核是什么呢？为什么它能引起哲学界如此大的变动，而其影响又几乎能涉及人文社会科学所有的领域呢？

这个问题要从西方哲学研究的根本目标谈起。从古希腊起，西方哲学研究的目标始终没有变过，这就是对"存在"（being）的研究。由于切入点的不同，形成了三个历史阶段，在"语言转向"出现之后，这三个阶段又被称为三个"转向"。第一个转向出现在古希腊时期，以柏拉图、亚里士多德等为代表，研究的是"存在"本身，或者说，"存在"为什么存在。这被叫作"本体论转向"。第二个转向出现在 17 世纪，以笛卡儿为代表，研究重点从"存在"本身转向了认识主体"人"，包括人是怎么认识"存在"的，"存在"为什么能被人所认识。这个转向叫作"认识论"转向。第三个转向发生在 19 世纪和 20 世纪之交，代表人物是弗雷格、罗素等人。他们认为，人不是简单地认识"存在"，而是必须把语言看成媒介。我们所认识的"存在"，是通过语言体现出来的，没有语言，就没有世界，而对语言理解的偏误，就会导致我们认识上的偏误。这一转向把语言提到了哲学上至高无上的地位，因而被称作"语言转向"，也有人称作"语言论转向"。由于英文单词的歧义性，有人不恰当地将它译成"语言学转向"，造成了很多混乱。

理解了这一背景，我们可以来讨论"语言转向"的基本精神了。我认为，"语言转向"的基本精神，至少包含以下三点：

2.1 语言本体论

如果我们把"本体"理解为研究的主要对象的话，我们可以发现，西方哲学史上的三次转向，其研究本体也发生了三次根本性的变化。在第一阶段，其研究本体就是"存在"自身。在第二阶段，其研究对象转到了人认识"存在"的过程，研究本体转向了人的思维或"理性"，笛卡儿的名言"我思故我在"最好地体现了这个阶段对存在和思维的关系的认识，即"存在"不过是"思维"的存在。到了第三阶段，研究对象转到了语言上。人们发现，人的认识不是外界客观世界在人的头脑中镜子般的反映，而是经过了语言这个中介。换句话说，我们所认识的世界其实是语言的世界，离开语言，我们没有办法认识世界，"存在"就体现在语言中。海德格尔的名言"语言是存在的家园"，最好地体现了这个阶段人们对存在和语言关系的认识：没有语言，"存在"（being）就无法"存在"（exist）。由此，对语言的研究，就是对哲学本体的研究，语言在哲学中的至高无上地位得到了公认。20世纪的西方哲学家，在经过语言转向的洗礼之后，几乎无一不是从语言切入进行研究的。这可以叫作语言本体论。由于哲学是关于世界观和方法论的学问，哲学上的这一重大转向，不能不引起各学科领域的重大转向。语言研究对文学研究的指导意义，首先体现在这一点上。这是无法回避、也不容回避的。其实，不光是文学等其他学科，就连语言学这个学科自身的研究，也受到这一转向的影响，各种语言学理论都必须接受这一语言本体论的检验。在热衷于谈"语言学转向"的人看来，语言学似乎天生要高于别的学科，可用来指导别的学科而自身无须受检验，就是在这个基本问题上犯了错误。

2.2 语言世界观

从语言的本体论意识，我们很容易导出语言世界观的认识。我们知道，语言世界观这个提法是德国哲学家、语言学家洪堡特在19世纪上半叶提出来的，时间还在所谓的"语言转向"之前。这正说明，哲学上的"语言转向"并不是突然来临的，它也是前人智慧的结晶，其中包括了洪堡特乃至更早的莱布尼茨、赫尔德等人的贡献。从另一方面我们也可以说，洪堡特的语言世界观理论是哲学上"语言转向"的先声，是语言学家对哲学发展做出的贡献。总之，语言世界观经洪堡特提出，经过哲学上的"语言转向"得到了发扬光大，并经过其后语言学家兼哲学家魏格斯比尔、沃尔夫等人的发展，已成为当代哲学在语言问题上的共识，其区别只在程度而已。所谓语言世界观，它有两个方面的含义。

第一个方面，它是语言本体论的具体化。语言本体论指的是语言问题成为哲学研究的主体，是研究"存在"的必要的和唯一的途径，"存在"是通过语言体现出来的，我们所认识的世界就是语言的世界。我们（潘文国 1997）曾经把这句话的意思归纳为三个内容。第一，语言中的语词起了勾勒和凝固世界的作用。大千世界是一个混沌的整体，本来没有什么条理可循，我们之所以认为它是有序的，是因为我们用语言对它进行了切割和分类，同时分别给出了名称。例如把大千世界分为无生物界、动物界、植物界和人类社会等，而动物和植物又都有门、纲、科、目、属、种等的划分及具体动植物的各种名称。我们在观察中发现了区别，并用语言去固定它，这个事物就存在于我们的大脑中了。否则的话，即使我们注意到了事物的区别，但没有语言区分它，那它还是等于不存在。例如花园里的各种花，对于叫不出名字的人来说，它就只作为一种"花"而存在（至多说成"大的花、小的花，红的花、黄的花"，那也是分类和命名），只有对于熟悉种种花名的人来说，它才是个丰富的存在（在一般人看来只是"一种"花的兰花、菊花、牡丹花，专家们可以分出成千上万种，但都要借助于命名）。事实上，就语言的重要性而言，客观世界的某一事物，不是因为它是什么，所以我们叫它什么，而是因为我们叫它什么，所以它就是什么。第二，语词的语义，不管是范围大小、变化发展，还是褒贬爱憎，也都是人赋予的。我们所了解的世界，不仅是个物质丰富的世界，而且是个感情丰富的世界，万事万物往往都带有物质本身以外的意义，例如熊猫是"可爱的"、老虎是"凶猛的"、绵羊是"温顺的"、狐狸是"狡猾的"等。除了生物学的分类，我们还能把动植物进行品性上、功能上的种种分类，如益鸟、害虫、香花、毒草，家畜、野兽等，这些都不是外部世界客观存在的，而是人们用语言区分的。第三，语言中的语法具有世界观中的方法论意义。也就是说，一种语言的语法，规定了使用这种语言的人们观察、认识世界和进行表述的方法。这种语法不是语法学家主观想象出来的，而是经过历史的选择沉淀下来的，谁也没有办法改变。例如法语中名词有阴性阳性之分，在使用法语的时候，你见到一个名词，就必须同时记住它的阴阳性，否则就根本没法开口说话。而且每出现一个新兴名词，也必须同时规定它是阴性或者阳性，否则就无法使用。从法语的情况来看，阴阳性之分并没有客观存在的依据，它完全是语言强加给世界的。

语言世界观第二个方面的含义，就是语言相对论的弱式和强式问题，弱式的语言相对论就叫"语言相对论"，强式的语言相对论又叫"语言决定论"。这两个术语都是美国语言学家沃尔夫提出来的，半个多世纪来曾经引起巨大的争论。人们总感到"语言决定思维"这个说法太过绝对，因此觉得对"语言决定论"持保留态度比较稳妥，而对"语言相对论"，则越来越多的语言学家开始投赞成票。其实从上面的分析我们可以知道，语言决定论首先是个哲学命题，既然我们所认识的世界是个语言的世界，那么，语言决定了我们认识世界的内容（词汇、语义）和方式（语法），这就是毫无疑义的。所谓"决定"，主要是该语言的语法对其表述方式的强制性。试问，在说法语的时候，你不考虑一个名词的阴阳性，能开得了口吗？同样，英语语法要求主语和定式动词必须在人称和数上保持一致,你不保持能行吗？不敢承认语言决定论的人其实是把"思维"这个概念想偏了，以为它指意识形态方面的东西。不是语言表述方式方面的问题，当然不是语言所能决定的，但这与语言决定论说的是两回事。同时我们也要想到，不承认语言的决定性，语言相对论也就失去了依据，因为语言相对论是建立在语言决定论基础上的。因为各种语言的语法、词汇，对使用该语言的人有强制作用，而世界上的语言各不相同，那么，语言的强制性就只具有相对的意义，对说某种语言的人具有强制性，对说其他语言的人却并不如此。例如，区分名词的阴阳性对说法语的人有强制性，对说汉语和英语的人来就毫无必要。我们现在常说，语言是文化的载体，其本身又是文化的一部分，其哲学背景就是这种语言世界观的理论。

2.3 母语意识

语言世界观导致了语言决定论，语言决定论引起了语言相对论，而语言相对论则是种种语言文化理论、文化语言学理论、跨文化交际理论等种种理论的背景。这当中，最具有语言研究意义的是母语意识的觉醒。既然语言不仅仅是工具（语言世界观学说与语言工具观学说是针锋相对的），不仅仅是载体，而是民族文化的一部分，是民族文化之根，加上语言对文化的决定作用又具有相对性，对于使用某种母语的人来说，只有在母语中才能找到自己存在的家园，才能找到自己的生存方式，也才能找到跨语言交际、跨文化交际的真正基点。可以说，随着语言世界观、语言相对论的普遍接受，母语意识正得到越来越多的重视。

3. "语言转向"对文学研究的启示

弄清了"语言转向"究竟指什么，我们下一步就有可能来讨论其对文学研究带来的启示。这里我们首先排除了将种种语言学理论直接用到文学研究上的尝试。因为我们认为，真正影响文学研究和其他人文社科研究的是"语言转向"而不是"语言学转向"，各种各样的语言学理论本身也在面临着"语言转向"的检验。对于能够向文学施加影响的力量而言，它只是"流"而不是"源"。下面我们就"语言转向"的三个主要方面来看看它可能对文学研究起的启示作用。

3.1 语言本体论的启示

20 世纪哲学的语言转向中最重要的是语言的本体作用，语言在哲学研究乃至其他各门学科的研究中起着核心作用，其最主要的表现就是命名问题。人们已经认识到，"不是因为它是什么，所以我们叫它什么，而是因为我们叫它什么，所以它就是什么"，这使命名问题成了哲学研究的一个中心问题、首要问题。这对于文学研究是有重要启示意义的。我们可以从问"什么是文学？"这个问题开始。什么是文学？什么作品是文学作品？反过来，什么作品不是文学作品？我们凭什么称某些作品是文学而另一些作品不是文学？文学的"文学性"有什么标准？不要以为这些问题很容易回答。我们可以举一些实例来看。比方说，春秋战国的诸子百家是不是文学作品？如果不是，为什么我们的"文学作品选"都会收录一些《论语》《孟子》，特别是《庄子》的作品？如果是，为什么又说中国直到魏晋才开始"文学的自觉"的时代？言下之意，在此之前的作品都不是严格意义上的文学作品？那"严格意义"上的文学作品是什么？又如，司马迁的《史记》是不是文学作品？同样，说它是，它也不符合"文学自觉"的标准；说它不是，鲁迅不是已经称赞它是"无韵之《离骚》"了吗？还有比《离骚》更符合文学标准的吗？如果承认中国的诸子、史书同时也都是文学作品，那中国还有非文学的哲学和历史著作吗？对照西方，好像没有人把柏拉图、亚里士多德、笛卡儿、康德或者马克思的作品当作文学作品来谈，也没有人把《盎格鲁－撒克逊编年史》作为文学作品来谈。这又是为什么？另一方面，"文学"与"非文学"的界限在哪里？所谓文学作品当然是针对非文学作品而言的，如果哲学、史学著作都已成了文学，那还有什么是"非文学"？人们很容易想到，应用文，亦即那些实用性的文字，不能算文学。然而问题又来了，那些极端的实用性文字，如账册、报表自然不能算文学。那些不那么极端的呢？打开中国文学史，在萧统的《昭明文选》里，从文体来看，十有八九都是应用文，但它们都是"文学"，为什么？"文学"的概念本来就是从西方引进的，它与中国传统的"文学"概念并不完全一样，就是引进以后各人理解也不一样。章太炎、胡适、傅斯年、刘半农等对"文学"都有他们自己的见解，各不相同。中西对"文学"概念的理解究竟有何异同？这些都应该是文学研究中最重要和最基本的问题，如果这个问题说不清楚，那么，说是在研究文学，其实是要打个大大的问号的。

推而广之，可以问的问题多得很。比如"小说"，现在搞文学，特别是搞外国文学的人，以研究小说的为多，那么请问："什么是小说？"你也许会说，"小说有几个要素，人物、情节、环境等，缺一不可"，但这同样只是西方对"小说"的定义。如果你查一查中国小说的起源和发展，就会发现情况并非如此。"小说"最早出现于《庄子》，是相对于"大道"而言的，任何"小"的记载，甚或一段心得体会，都可以叫作小说，那几大要素缺一、缺二，甚至三者俱缺都不要紧，例如宋元以后的很多"笔记小说"。戏剧、诗歌等也是如此。中国有西方式的戏剧吗？反过来，西方有中国式的戏曲吗？中国那些"曲艺"在文学上应该如何归类？或者说，它们根本就不是"文学"。这些都可以问一个"为什么"。我们甚至还可以问，"文学是语言的艺术"，有不需要艺术的语言吗？或者，"艺术"是外加在语言上的吗？"语法"应该是最枯燥的，但英国古代一些语法书，书名里就有"艺术"。总之，现代哲学，或者说哲学的语言转向带给我们最大的启示是"正名"理论（"正名"是两千年前的孔子提出来的，但现在有了更深刻的含义）。这可以使我们从最基本的概念开始，把一个学科最根本的问题不断引向深入。

如果说，追究"什么是文学"以及诸如此类的基本概念是语言本体论对文学研究的第一个启示，那么第二个启示就是文学研究方法上的，我们可以叫它"文本本体论"，既然对哲学以及对其他学科的研究都要还原到语言，那么，本来就是依语言而生的文学就更必须以作品的语言研究为唯一指归。我们之所以说俄国形式主义和美国的新批评都是语言转向的产物，是因为他们主张对文学的研究要还原到对文本的研究。中国现在有一个"文本细读"派，例如刘心武对《红楼梦》的研究，就是专门在字里行间做文章的。不要认为研究文学要重视语言没有什么新意，以前的文学研究也相当重视语言，其实不然。与"语言本体"相对的文学研究方法可以叫作"主题先行"，认为文学作品总是要达到某种目的，或教训，或鼓励，或批评，或赞扬。我们十分熟悉的语文课上的"中心思想""段落大意"就是这种文学研究法的产物，我们都是受这种方法熏陶长大的。表现在文学创作上，就是总想通过作品表达什么：西方的，如在宗教思想影响下的"惩恶扬善"主题（见班扬的《天路历程》和狄更斯的一些小说）；中国的，则如明末清初大量才子佳人小说的"愿天下有情人终成眷属"套路。其实真正一流的文学作品都不会有明确的唯一的主题，例如《红楼梦》，例如李商隐的诗。在"主题先行"的框架下，文学的语言研究其实都被贴上了标签。我们在语文课上听完老师讲"中心思想""段落大意"后，还要听他讲"艺术特点"，这样的语言分析是为主题分析服务的。因而，俄国形式主义对语言形式的重视和美国新批评主义对文本的重视在文学研究上具有革命性的意义。而结构主义文学批评由于受语言学的影响过深，又走过了头，把重视语言变成了重视结构，结果成了"结构先行"，同样违背了语言本体的精神。

这种语言本体的研究方法，要求我们真正做到文本细读，而对于外国文学研究来讲，还必须做到对外语文本的细读。严格来讲，任何一国的文学都只能通过细读该国的语言文本来进行研究，通过翻译只能得其皮毛，或者说，只能满足以前那种"主题先行"的研究方法。依此，把"外国文学"的学位点设在中文系是非常奇怪的，而诺贝尔文学奖的评选必须先将作品译成英文或瑞典文，也是非常奇怪的。

3.2 语言世界观的启示

语言世界观理论对文学研究最重要的启示之一大概是语言相对论。事实上，语言相对论对文学研究可能产生的影响是全方位的。这里着重谈谈比较文学的研究。我们以往的比较文学研究，主要有影响研究、平行研究等，有的研究则是从偶尔的相似出发，攻其一点，不及其余。如将李贺比济慈，因为都是诗人且都短命，甚至同样都只活了 27 岁。这种种比较的背后其实有个理论基础，就是"人同此心，心同此理"，认为人们的思维规律、思维方法没有差别。在这一基础上展开的比较研究，往往会往共性方面多想一点。语言相对论的一个作用是使我们认识到语言和文学的差异性，这对于拓广、拓深比较文学的研究是有好处的。举个例子来说，汉语一向被说成是诗性语言，或者说，是最适合作诗的语言，而英语等西方语言则比较适合于叙事和说理。这种说法，我们以前也许不以为意：这不是鼓吹语言优劣论吗？更进一步，还会给它戴上种族主义、民族主义的大帽子。但今天我们不妨冷静下来思考这个问题。人们的这个直感背后是否真有语言学上的道理？如果与别的语言比起来，汉语确实是一种诗性语言，那是为什么？如果这个说法不能成立，那又是为什么？同样，如果说西方语言更适合叙事说理，又有什么语言学上的证据或反证据。接着我们可以研究，是或不是诗性语言，是或不是长于叙事说理的语言，对中国和西方文学的形式、文体的形成与发展有什么影响。中国和西方形成了截然不同的文学史传统，有什么语言本身的原因？美国语言学家萨丕尔（Sapir, 1921：230）说过，所有文学形式的形成，都与那个民族的语言特征有关，根据语言的"动力特点"甚至可以预想出这个民族可能发展出什么样的文学形式。这个说法能不能成立？能不能从各国文学的发展中找到证据？

当然，找出语言和文化的差异性及不可通约性并不是比较研究的目的。因此我们在找到并证明了差异性之后，下一步还要寻找弥补这个缺陷、沟通两种语言和文化的途径。其中最重要的便是翻译问题。翻译有语言上的翻译，有文化上的翻译，两者都要使不可能变成可能。文化上有 barrier 的问题，翻译上有可译性和不可译性之争。语言相对论告诉我们，不同的语言和文化之间，差异是绝对的，共同点是相对的。我们的研究就是希望在其中找到一个平衡点，最大限度地达到跨文化交际的目标。

跨文化交际还有一个目标，那就是达到语言和文化的互补。如果我们同意汉语是诗性语言而英语是长于理性分析的语言，那么如何在发挥汉语之长的同时从英语中吸收理性表达的优点？其可能性和局限在哪里？其实，语言事实的发展已经做出了一定的回答：现代汉语比起古汉语来，其诗性特点大大减弱，但分析说理的能力大增；而英语在经过意象派的洗礼之后，诗性也大增。像以上这一些，都是从文学作品中透露出来的，而且将进一步引起文学作品在体裁和表达方法上的变化。

总之，在经济一体化、文化多元化的世界历史进程中，语言和文化的共生并进将是一个很大的课题，语言和文学工作者在其中都大有可为。

3.3 母语意识的启示

语言本体意识和语言相对论的确立，使世界各国的母语意识现在比以往任何时候都要强烈。语言是存在的家园，母语更是每个民族、每个个人生存的家园。文学是语言的艺术，首先是母语的艺术。对于汉语如何造成汉语的文学艺术我们以前研究得还是很不够的。"五四"以来，在打倒孔家店的氛围中，中国传统的一切，文学、艺术，乃至文字、语言都在被摒弃，即使有研究，也总是研究其如何落后，如何不适应现代化的要求。而要现代化，只有一切向西方看齐：语言要欧化、汉字要拼音化，文学、艺术更是唯西方马首是瞻，以至如前所述，我们的文学、艺术都以西方的标准为标准。在比较文学中失去了自我，这个比较还怎么进行得下去？于是，所谓的比较文学就只能比情节、比故事、比叙事方式、比人物刻画，而真正重要的，中文如何造成中文之文学、西文如何造成西文之文学，却没有多少人感兴趣。

加强母语意识，要认识母语的特色，从而认识建立在这种语言基础上的母语文学的特色。而这必须通过中外对比才能得到。汉语的特色，一是以字为本，这种单音节、方块字、有声调、有意义的汉字只有中文才有，这是形成汉语所有文体的基础。二是充满两点论、辩证思维精神，汉语的组织从小到大，从音节、造字、构词到成句谋篇，无一不充满了这种二合精神。中国的文体，从诗经之四言诗，到汉赋、到六朝骈文、到律诗、到绝句、再到明清的楹联，都是这一精神的表现。三是尚简，不喜欢长篇大论，而喜欢点到为止，那种动辄千万字的长文实在是受了西方的影响。四是形象生动、字字如画、有声有色，这是西方拼音文字很难做到的。五是有很多意义空灵的形容词，讲得好听点是重在传神，讲得不好听点就是意义含混。比如具有中国特色的大量的联绵字，意义常在可解与不可解之间，看起来很形象、很生动、很美，但实际上讲什么并不明确。例如"嶙峋""琳琅""窈窕""脉脉""凛凛"等，都只能意会。由此而形成的中国文学作品的描写也往往空灵不着边际，仿佛呼之欲出，但实际上各人心目中的模样都不一样。例如宋玉的《登徒子好色赋》描写美女，"增之一分则太长，减之一分则太短，著粉则太白，施朱则太赤"，好像精确到了极点，其实完全无法落实，要留待读者自己去想象。中国的古典诗歌中充满了这种空灵之美，进而到中国的小说中也是如此。比较中国古典小说（如《红楼梦》《三国演义》《水浒传》）和外国小说（如托尔斯泰、狄更斯、屠格涅夫等的作品）的人物描写、景物描写、心理描写，我们的感受会大不相同，而这与语言特点以及由此而形成的表述传统是有很大关联的。

加强母语意识，还要注意发挥母语的优势。而这主要体现在文学翻译上。翻译是两种语言碰撞的结果。建立在语言世界观基础上的翻译观与以往的翻译观有很大的不同。以往的翻译观总相信在原文中存在着一个永恒、不变的东西，也是全人类心中共同的东西，翻译者的目的只是找到这个东西，用自己的语言把它转述出来。翻译是可能的，而且可以做到等值。语言则是外衣，是工具，是可以更换而保持意义不变的。而建立在语言相对论基础上的翻译观则认为，由于不同语言文化之间的差异性，翻译从本质上讲是不可能的，所能做的翻译只是一种近似的改写，用目的语的语言尽可能地把原文想要表达的意思转达出来，要充分发挥译入语的优势，使目的语的读者得到与原文读者一样的享受。而要使目的语读者得到同样的享受，则文学作品的翻译也必须是文学，而且必须是译入语读者认可的文学。可以想见，在这样的翻译中，母语的优势越得到发挥，译作的文学性就越强。另一方面，翻译毕竟是戴着镣铐的舞蹈，原文的内容、形式都是大大小小的镣铐，译作还带有引进新表现形式（介绍新的"世界观"）来丰富母语的任务。任何译者都必须在这些要求中追求最好的平衡。而如果他做得好，他的译作本身就可能作为文学作品被译入语吸纳。这就是说，在传统翻译观看来，翻译只是媒婆，是婢女，是中介，是掮客，交易完成，译者也就隐身了。而在新的翻译观看来，译者实际上在参与新的文学作品的创作，翻译文学应该成为译入语文学的一个新品种。从这点来看，把所谓的"外国文学"放到中文系去研究也没有什么不可以，但应该"正名"为"翻译文学"，作为本国文学的重要一支。

参考文献

• 潘文国. 汉英语对比纲要 [M]. 北京：北京语言大学出版社，1997.

• SAPIR E. Language [M]. New York: Harcourt, Brace & World, 1921.

三　汉字是汉语之魂[8]
——语言与文字关系的再思考

"汉字是汉语之魂"这个命题似乎跟现行语言学理论唱对台戏。有人马上会质问：语言和文字的关系你懂不懂？"语言第一性，文字第二性""文字是符号的符号"，这是现代语言学的常识、语言学 ABC 的第一课。"符号的符号"能够成为"符号"的灵魂吗？

如果捧着一本现行语言学教材，对这样的质问我们当然没法回答。但如果有人从另一个方向来提问题：假如没有汉字，假如中国这块土地上从来就没有出现过汉字，汉语还成为汉语吗？或者至少，汉语还能成为我们所知道的汉语吗？我们怎么回答呢？我们可以展开丰富的想象力去想象，可以设想古代遗留下来的浩如烟海的文献突然全用拼音文字去拼写了，我们还能读得懂吗？可以想象人们初次相识，再也不会问"贵姓 zhang，是弓长张还是立早章"了，我们再也不会有建立在汉字基础上的诗词歌赋、骈文对联、灯谜酒令，乃至摩崖石刻、楼堂匾额了，所有建立在汉字一音多形基础上的汉语"谐音文化"也将全部崩塌，汉语自古至今，滋养了千百代儿童的文字游戏（因为汉语实在有很少不涉及文字的"语言游戏"）也将不复存在了，汉语修辞格的相当一部分（诸如拆字、回文，飞白、歇后，双关、顶真等）也将变得毫无意义了。总之，一部中国文化史恐怕全得重新写。当然，这还是就其小而言之。如果就其大而言

8　原载《华东师范大学学报》（哲学社会科学版）2009 年第 2 期，75—80 页。

之，我们甚至还可以想象，中国会不会分成不同的语言区，彼此说着相似而不相同的语言？这并非不可能，因为西方的语言学家至今还在说："Chinese is not really one but several languages held together by a common script.（汉语实际上不是一个语言，而是同一文字形式掩盖下的若干种语言。）"他们不接受汉语的方言是方言的说法，认为这是被汉字掩盖的不同语言，那么一旦失去了掩盖，方言还会是方言吗？而失去了方言的汉语还是今天这样的汉语吗？

双方互相责难的问题，一个似乎是理论上不证自明的"公理"，一个是不敢想象的可怕事实。事实和理论在这里发生了矛盾。是坚持理论、回避事实，还是根据事实修正理论呢？这就是我们想要探讨的问题。事实上，我们想做的，就是根据汉语汉字的事实，结合国际上语言文字学理论的新发展，重新思考现行语言学教材中的一些"常识"性问题。

1. 汉字是符号的符号吗？

我们要问的第一个问题是，汉字是符号的符号吗？几乎所有国内出版的语言学教材上都说，文字是"符号的符号"。汉字既然是文字，当然也是符号的符号。一些人还以不容置疑的口气说，这是"现代语言学"的常识。慑于"现代语言学"的权威，这句话很少有人怀疑过，甚至没有什么人作为问题提出过。但是如果我们认真问一句：汉字真的跟西方拼音文字的字母一样，是符号的符号吗？我们就会发现，我们只能给出一个否定的答案：否！汉字不可能是语音的符号！随便举个例子，"日"这个汉字是记录普通话 rì，或者上海话 nié，或者广东话 [jat][9]，或者人们构拟的不同系统的古代读音的符号吗？当然不是。"日"这个汉字跟任何读音都没有关系。不但汉字中象形字、指事字、会意字跟读音没有关系，形声字里尽管有读音的成分，但形声字的本质与其说是记录读音，还不如说是利用偏旁的意义来对读音进行分化。只有假借字可以说是记音的，但由于假借字既无章法可循，又不能自成系统，实际上是一盘散沙，它

9　普通话和上海话注音用汉语拼音，广东话注音用国际音标。

既不能单独用来表现汉语，也根本没有发展成表音文字的可能，只能作为整体不表音的汉字体系的补充，起少许辅助作用。因此，汉字不是语音的符号，不是"符号的符号"，这是明摆着的事实。这个问题我们还可以从反面去看，如果汉字本来就已经是语音符号，那人们还费心费力地花一百多年时间去追求汉语的拼音化有什么意义？对汉语拼音化的孜孜以求，本身就说明汉字不是表音的。既然汉字不是语音的符号，那么"符号的符号"说在汉语中就不能成立，在引进、介绍或谈论西方语言学的这个理论的时候，就必须从汉语出发做重要修正，以正视听。可惜的是，国内出版的一些语言学教材，至今还在振振有词地鼓吹着"文字是符号的符号"这种根本不符合汉语情况的理论，误导着社会大众。如上所说，"符号的符号"说与汉语拼音化道路是自相矛盾的，汉字如果是符号的符号，就不存在要推行拼音化的前提。如果需要追求拼音化，就说明汉字不是符号的符号，二者只能取其一。我们不能又要维护"文字是符号的符号"这一"常识"，又要追求汉字的"拼音化"，还要证明二者同时都是正确的。

再有，"文字是符号的符号"真是"现代语言学"的常识吗？恐怕也不是。根据我们调查的结果，这个观点不是"现代"语言学提出来的，而是"古代"以及"近代"语言学提出来的。这个观点的两个最明确的主张者，在古代是亚里士多德，在近代是黑格尔。亚里士多德提出了"口说的词是心理经验的符号，书写的词是口说的词的符号"这个命题（转引自 Derrida 1976：30），黑格尔更把它归结为"符号的符号"（aus Zeichen der Zeichen）这个术语（转引自 Derrida 1976：324）。"现代语言学"呢？它的创始人索绪尔说过一段话，"语言和文字是两种不同的符号系统，后者存在的唯一理由是在于表现前者"（索绪尔 1980：47）。很多人把它当作"符号的符号"说的现代版，认为索绪尔也是主张"符号的符号"说的，因而这是现代语言学的"常识"。其实索绪尔与亚里士多德他们有根本的不同，第一，他根本没有过"文字表现语音，语音表现意义"这样一种表达，因而不应该把他的话归结为"符号的符号"说；第二，他也没有用"是"这个动词，而只说"表现"（represent，也可译为"代表"）语言，不像亚里士多德他们说得那样斩钉截铁。由于语言有音、义两个方面（索绪尔叫作"能指"和"所指"），因而"表现"语言也可以有表现语言的"音"和表现语言的"义"两种方式，从而造成两种不同性质的文字，这就是索绪尔在另一个地方说的，只有两种文字体系，一种是表音文字，一种是表意文字（索绪尔 1980:50-51）。这是索绪尔的真正意思。主张"符号的符号"说，是不可能提出"表意文字"这个概念来的，这是索绪尔与亚里士多德的根本不同。也就是说，提出文字可以表意，实际上就是对"符号的符号"说的否定。这是"现代语言学"在文字理论上的一大进步、一大发展。这也说明，我们一些教科书上，打的是"现代语言学"的牌子，实际上主张的是在西方已经过时的观点。

2. 汉字是记录汉语的符号吗?

我们的第二个问题是：汉字是记录汉语的符号吗？大概看到露骨地说"汉字是语音的符号"实在太不符合汉语的实际，因而有些书上避开直接谈语音，改说"汉字是记录汉语的符号"。从表面上看，这个说法没有强调语音，但实际上是故意用模糊的说法，造成歧义，引起有利于自己的联想，本质上仍在维持"符号的符号"的观点。如上所说，"现代语言学"认为语言有"语音"和"意义"两个方面。"表现语言"由表音为主还是表意为主可以产生表音文字和表意文字两大体系。只说"文字是记录语言的符号"故意不明说是表音还是表意，但根据西方语言学传统和世界上大多数语言的实际情况，人们是很容易朝表音方面想的。因而说"文字是记录语言的符号"的人，实际上是希望人们理解为"文字是记录语音的符号"，亦即"符号的符号"。何况 20 世纪不少人对"语言"的理解就是口语，表现语言就是表现口语，也就是表现语音。因此这句话在本质上跟上面一句话并没有很大的不同。而如果真正按照索绪尔的意思，就应该严格区分两种文字体系，表音文字和表意文字。表音文字的代表是古希腊以来的欧洲语言文字，而表意文字的经典代表就是汉字。说文字是表现语言的，下一步就应该结合具体语言（例如汉语）讨论表现的是语言的哪个成分，是语音还是意义？形成的是哪个体系？这件事上不应该采取模糊手法。索绪尔在这方面应该说是很认真的。他在说了只有两种文字体系之后，马上声明他的研究只限于表音文字，特别是以希腊字母为原始型的体系（索绪尔 1980：51），也就是说，他是明确说明把对汉字和在此基础上的汉语的讨论摒除在他的普通语言学之外的。我不知道中国的语言学著作在讲到"文字表现语言"时想到的是表音还是表意。恐怕多半是前者，因为我们语言学研究的整个体系是建立在以索绪尔为代表的"现代语言学"上面的，索绪尔明说了他的研究只限于表音文字体系，而我们自觉地、不加修改地将之套用于不是表音文字的汉语上面，不就是默认把汉字当作表音文字处理吗？因此光说"汉字是表现汉语的符号"是不够的，必须明确指出它表现的是语言的读音还是意义。如果是声音，那就是错误的；如果是意义，那更进一步的是，必须拿出与研究表音文字语言不同的表意文字语言的研究体系来，补充索绪尔所欠缺的这一部分，丰富"普通语言学"的内容。这才是对现代语言学精神的最好继承。

3. 文字是语言的符号吗？

承认汉字是表意文字，在汉语学界特别是汉字学界很少有异议，尽管人们并没有想到，这与普通语言学的所谓常识"文字是符号的符号"是违背的。这也说明我们有些研究者奉行实用主义，在讨论某个问题时赞成一种说法，在讨论另一个问题时赞成另一种说法，不管它们实际上是不是互相矛盾。承认汉字是表意文字具有革命性的意义，它推翻了"文字是符号的符号"这种片面的说法。这其实是索绪尔的现代语言学在文字问题上对他前人的一个飞跃。可惜索绪尔在跨了一大步后很快止住了脚步，把他的研究局限于从希腊文字发展来的现代欧洲文字。这就使其观点的革命意义非常有限，读书不细的人往往会忽略过去，依然沿着老路走，甚至把索绪尔也归到"符号的符号"说的主张者之列，这是索绪尔的不幸，也是中国语言学的悲剧。由于中国当时的国际影响力有限，且汉语不为世界上多数人所了解，我们可以理解索绪尔的做法。但在今天的条件下，我们就有可能在索绪尔的基础上再往前走，看看承认文字在表音以外还表意，有什么更进一步的意义。因而我们要问的第三个问题是直接针对索绪尔的，或者说，是直接挑战以他为代表的"现代语言学"的，那就是：文字是语言的符号吗？或者更直接地说，文字的存在，只是为了表现语言吗？索绪尔对此的回答当然是肯定的。事实上，从亚里士多德到索绪尔，整个传统西方语言学关于字相对于语言居次等地位的观点是一致的。国内的语言学教材也告诉我们，语言是人类最重要的交际工具，文字只是辅助性的交际工具，文字的产生就是为表现语言服务的。但这个问题实际上并不那么简单。从现在语言文字的使用情况来看，特别是在言文一致的语言里，文字似乎确实主要是用来表现语言的，但是不是在文字产生之初就是如此呢？这就需要认真思考了。这里涉及语言和文字的发生学问题，即语言，特别是文字，究竟是为何以及如何产生的？我们发现，历史条件不一样，得出的看法就不一样。亚里士多德没有看到过汉字，他的文字理论其实只来自对希腊字母的认识，提出"符号的符号"说是完全不奇怪的。索绪尔看到了汉字，也许还看到了关于其他古老文字的一些记载，因而提出了表意文字和表音文字的两分。但是他却把注意力过于放在西方表音文字上，没有朝表意文字的方向再走一步。其实这一步很容易：既然文字可以直接表示意义，不必借助语音形式，那么它的产生和存在就未必是（甚至根本不是）为了表现语言，而是有其自身的原因。当代文字学的一个新进展是区分了自源文字和他源文字。但我们很快发现，自源文字和他源文字的区分，与索绪尔关于表意文字和表音文字的区分，基本上是重合的，也就是说，自源文字几乎都是表意文字[10]，他源文字则几乎全是表音文字！而在文字发生学问题上，真正有意义的是自源文字。从自源文字都表意可以看出，文字的产生，并不是为了记录语言、表现语言，而是有着别的目的。我们知道，语言的产生，是为了满足人们面对面交流的需要，它也只能满足这一需要。脱离了面对面，语言就无能为力了。而面对面的交流，是根本不需要文字的。因此文字的产生，是为了在不能用语言交际的场合下交流，用现在的话来说，是为了在超时空的场合下交流。这种场合，我们容易想象为给远方的亲人写信，或记录文献作品流

---

10 说"都是表意文字"是从整体上或者体系上看的，不是就这个体系内的一个个具体字而言。就像汉字体系中有假借这种只跟语音有关的文字一样。在其他古老文字中也有只为记音而造的字。但这不改变整个文字体系的表意性质。

传到后世等。但实际上在原始时期，最重要的超时空可能不是这些，而是人与"神"的交流。宗教在原始人的精神生活中占据极重要的地位，宗教主要体现为人与"神"的交流。对于一般人来说，人与"神"交流的方式可能是各种宗教仪式、娱"神"的舞蹈、供奉祭品等，但对氏族首领或其他上层人士而言，他们还需要跟"神"作一些秘密的、个人的接触，以制造和维持自己的特殊地位。但他跟"神"通常不能面对面地说话，即使能，他也不愿意使用一般人能懂的语言，因而他必然要求助于一种语言以外的媒介，这就是文字。我们看世界上已知的一些古老文字，大都与宗教及人与"神"的交流有关。苏美尔文字、埃及圣书文字、中国的甲骨文等都是如此，连后来的玛雅文字和中国境内的纳西东巴文字，也都掌握在祭司等宗教人士手里，从后世中国道教的符箓，我们更可以猜想到起初这种文字的形式取向。因而，在远古时期，大多数人不需要也不懂得文字，也是可以理解的了。文字为更多人所学习和掌握，是文明程度提高以后的事。因此，当代西方语言学家如牛津大学前语言学系主任罗伊·哈里斯就提出，文字并不是为了记录语言而产生的，文字和语言是两个平行的系统。

这样看来，西方的文字理论，实际上已经经过了三个阶段。第一阶段，以只看到希腊等欧洲文字的亚里士多德为代表，提出"符号的符号"说[11]；第二阶段，以看到了汉字的索绪尔为代表，提出表音、表意两大文字体系说；第三阶段，从布拉格学派的叶姆斯列夫、伐切克开始到当代学者哈里斯，在对现存语言和文字进行充分研究的基础上，先后提出了语言、文字自主说和语言、文字平行说的主张。哈里斯更强调作为编码系统，文字要远远胜过语言。

4. 书面语是口语的记录吗？

哈里斯（Harris 2000）的著作《文字再思》（*Rethinking Writing*）出版于 2000 年，其中有许多发人深省的思考。但通观全书，我们发现他没有提到

---

11 据哈里斯考证，亚里士多德正好出生在古希腊重要的文字改革（用 Ionic 字母取代雅典的 Attic 字母）约 20 年之后，特别感到文字犹如衣服，可以爱脱就脱、爱改就改，只是语音的附属品。

自源文字和他源文字的区别。考虑到这一区别，结合汉语汉字发展的实际情况，我们还可以从哈里斯的观点出发再往前走一步。这就是我们要提出的第四个问题：言文一致是语言使用的必然规律吗？书面语只是口语的记录吗？由于言文一致曾经是"五四"前后打倒文言文、提倡白话文的主要理由，因此这个问题也包含了对这个事件的反思。哈里斯对这个问题的回答是否定的，他进而主张书面语作为编码系统要高于口语。这体现了国外语言学界对语言文字问题的新认识。但如果从文字发生学的角度出发，我们还可作更深一步的分析。

首先我们发现，文字与语言的关系不等于书面语与口语的关系。文字是单独的个体，而书面语常常以篇章面貌出现。即使文字表现语言可以成立，也并不能引申为书面语就只能是口语的记录。但不少人却想当然地把文字研究的结果引申到篇章上：既然文字记录语言，那么书面语就必然只是口语的记录，"我手写我口"就是书面语的最高理想。这是没有根据的。文字研究与篇章研究应该分开来进行。如果第一步我们区分了自源文字和他源文字，那么接下来我们要分别考察自源文字形成的篇章和他源文字组成的篇章，以及各自的发展过程。这两者也必然是不同的。在他源文字的语言里，文字被借来的目的是记录本语言的语音，因而肯定会以能记录语音中尽可能多的成分为目标，最理想的书面语应是事无巨细的全景式记录。因而其书面语的最初或理想的形式必然会以追求言文完全一致为最高目标。这可以说是一种"语言文字化"的过程。但在自源文字的语言里，这一过程要复杂得多。因为在这一环境里，语言与文字起初是平行发展的，后来出现了交融的需要。但这一交融不会以牺牲已有的表意文字作为代价，而必然是一个双方互相利用、互相让步、互相磨合的过程。首先发生的可能不是"语言的文字化"，而是"文字的语言化"，即表意文字取得一定的读音，变成真正的文字。有人不相信可以存在没有读音或没有固定读音的文字。其实这是可能的，在现代仍可以体会得到。例如中国道士们画的符箓就是有意义而没有读音的"文字"，阿拉伯数字1，2，3，4等便是没有固定读音的"文字"。当然这样的文字不能算是真正的"文字"，必须"语言化"，即在某一语言系统内取得相对固定的读音，才能成为可以用来交流的工具。在这一过程中，文字并不是语言的记录。另一方面，即使在自源文字的语言里，也会有"语言文字化"的过程。因为"文字语言化"的过程使已造出的文字——有了语音的表现，成了可以被书写、被交流的工具，但语言中还有不少没有文字形式、也不便用表意文字形式表现的东西，如一些虚词及表示语法意义的语音成分等，它也会要求用文字形式表现出来，"假借"可能就是其中一个重要方式。正是在这样一种互动过程中，文字形式变得越来越成熟。但这样的文字与纯粹记音的表音文字有着很大的不同。

然而这还只是文字与语言磨合的过程，文字组成篇章又是另一个过程。上面说到，在他源文字的语言里，文字就是表现语言的，因而其篇章也以最大限度地表现语言为满足，言文一致很容易成为一种共同接受的理想。但即使在这样的语言里，书面语也不可能完全记录口语，总有遗漏和省略乃至无法记录的部分（如声调、语调的起伏变化等）。在其后的发展中，由于文字产生后有其自身的发展规律，总有一种与语言保持若即若离的趋势，使言文一致成为不可能实现的理想，更如哈里斯所说，使书面语最终高于口语。书面语与口语的距离主要表现在三个方面。一是文字的稳定性与语音的易变性，文字永远跟不上语言的变化，变得不能够精确表音，越是历史悠久的语言越是如此。索绪尔（1980：56）痛感文字成了"假装"，篡夺了语言的重要地位。但他没有想到的是，正是这种"假装"，让文字摆脱了语音的羁绊，成了真正超时空的交流工具。而这正是人们需要文字的理由。当初，拉丁系的各语言脱离拉丁文而独立，曾被认为是语言发展进步的表现，但现在欧盟统一的最大障碍之一就在于无法统一的各国语言。当今英语成了国际上的准共同语，也是以文字和书面语的大体相同为基础的。如果按照各地英语的不同读音，采用严格的表音文字来记录，恐怕拉丁语的遭遇会在今天各英语国家里重现。二是文字按照书面语的要求自行发展，不但不理睬读音，还要求读音与其配合，这典型地表现在英语的一些首字母缩略词中。其是否发音，如何发音，不是由语言决定，而是由书面语提出，口语执行。如 GDP 要求按字母发音读，UNESCO 要求拼读，St 在使徒名字前要求读为 saint，在街道名后要求读为 street。Prof 读成 professor，而 wkdys、hrs 又要读成 weekdays 和 hours。书面语在那里自行其是地缩写，语音不得不按它的要求走。三是由于文章组织的精密化，出现了口语中不可能有的复杂的语法形式。语言学家 Mario Pei（1984）早就说过，英语中复杂的语法规则，特别是长句的组织规则，都是先在书面语中形成，然后才用到口语中去的。因此哈里斯认为，书面语是更重要的交际手段，其表现力比口语要强大得多。

而在自源文字的语言里，文字本来就不是为了记录语言而产生的，由文字组成的书面语（所谓篇章）就更加不可能亦步亦趋地跟着语言走。它必然会积极发挥文字自身的优势，如简约和会意，前者是充分条件，由必要的文字提供最不可少的信息，后者是必要条件，这些文字的组织方式要能传递出希望传递的信息。我们看东西方一些古老文字的文献，成篇的记载差不多都有这样的特点。如周有光《世界文字发展史》一书中"东巴巫师的创世经文"（周有光 1997：36）和"埃及帝王名字解读举例之二"（周有光 1997：83）。前一例周先生说是图画字，但作为经文，显然已表达了明确的意义。后一例只用了五个词，周先生说是"托勒密、生、永、神、爱"，其意思是"托勒密，永远健康，天神保佑"，但这个意思是我们从这五个词的组合中领悟出来的，并不是这一句话或这两句话的实录。可见书面语并不记录口语，与口语也不对应。王元鹿（1996：51-52）举了纳西东巴经《白蝙蝠取经记》78 节的例子，直接指出"文字符号与语言单位对应关系不一致"，表现在：（1）口语中有的一部分词在书写时没有记录下来；（2）经文中有的字（如"蛙"字）在读经时却不读出来，可见是口语中没有或不需要的；（3）书写顺序与语言顺序是不一致的。何丹（2003：384）在分析了苏美尔文字系统中语法形态记录的"缺位"特点后指出："自源文字系统还有一个特点，即它对语言系统的记录，只限于词汇层面，而无法兼顾到语法层面。"可见在自源文字或表意文字的前提下，书面语与口语从一开始就不一致，也不必一致。在后来的发展中，语言与文字逐渐合流，但自源文字的书面语仍然时时体现出其"自主"的特色。一方面，原先简约、会意的风格得到了保留。如唐代张若虚的名诗，其标题为"春江花月夜"，五个字五个名词五个意象，其间的意义联系全靠读者的想象去补充（从这个标题英译时所需增添的介词，可以启示其需补入的内容信息），这与周先生所举托勒密的例子正相似。许多书上讲到的汉语的意象叠置句，如"鸡声茅店月""枯藤老树昏鸦"等都不是口语中会出现的句子，只有书面语中才有。而另一方面，书面语传统形成之后，还会沿着自己的规律朝前发展，而很少顾及同时的语言的发展状况。结果使言文不一致的情形在这种语言里变得更加突出。清代学者阮元对书面语有意要离开口语发展的原因做过一个推测，他在《文言说》中说："古人以简策传事者少，以口舌传事者多；以目治者少，以口耳治事者多。故同为一言，转相告语，必有愆误。是必寡其词，协其音，以文其言，使人易于记诵，无能增改。"（转引自郭绍虞1985）"文其言"，即对语言进行人为加工，就是书面语发展的自身规律。因此作为自源文字语言的汉语，在一开始就表现为言文不一致（今人认为甲骨文或《诗经》《尚书》记载的是当时的口语，只是一种猜测。事实上，《诗经》《尚书》都是经过明显加工的），经过几千年的发展而变本加厉，到了20世纪初，就几乎成了互不相干的两种语言，正如郭绍虞（1985）所说，语言是声音语，文辞是文字语，组织形式不一样，这可说是特别针对汉语这样的自源文字语言而说的，在他源文字语言中就不可能存在这样尖锐的对立。"五四"前后的人们以西方语言学为指导，强调"我手写我口"，企图扭转这个局面，用意当然是好的。但他们没有想到，由于文字起源和书写传统的不一样，汉语不可能走向完全的言文合一。当今的"普通话"由于不是建立在具体方言的基础上，实际上更是从书面语走向口语的[12]，几乎它的每一个新词语、新形式（特别是外来语和外来形式）的产生都是从书面语中开始的。在这样的事实面前，为了理论上的逻辑合理而鼓吹"口语第一性，书面语第二性"，同时强文就语的结果，导致书面语越来越不受重视，冲击和破坏了母语教育的传统，改变了语文教育的导向，从而导致中小学和整个社会语文水平持续下降，直到今天出现了几乎难以挽回的颓势。从这方面说，20世纪的现代语言学，尤其是中国的现代语言学，具有难以推卸的责任[13]。

---

12 普通话"以北京语音为标准音，以北方方言为基础方言，以典范的现代白话文著作为语法规范"，由于"北京语音"和"北方方言"的吸收都是有条件的，因而实际上提出的是一个书面语规范。在实际推行过程中也是如此。

13 德国汉学家顾彬（Wolfgang Kubin 2008：4）指出："中国的现代可以被定义为一种从本质上因翻译而生的现代。翻译的艺术不仅对中国精神和中国社会的发展发生了作用，而且直接影响到标准汉语的形成。"他的话是有道理的。

现在可以回到标题上来了。为什么说汉字是汉语之魂？因为汉字不是符号的符号，由汉字组织起来的汉语书面语也不是为了记录口语才产生和发展起来的[14]。汉语这条言文分家的道路有其文字发生学和篇章发生学上的根源。口语和书面语在发展过程中互相影响、互相渗透，但文字是更高的文化形态，可以突破时空局限进行传播，又可以人为干预、人为规范，因而书面语对口语的影响要远远大于口语对书面语的影响。我们现在所看到的汉语，其规范程度越高，书面语程度也就越高，今天的汉语口语，在相当程度上甚至可说是书面化的口语[15]。而汉语书面语的特点在很大程度上是由汉字的特点规定的。20世纪以来在西方语言学的影响下，轻视汉字、轻视汉语书面语，带来了中文水平下降的严重后果（参见潘文国2008）。语文教育界和对外汉语教学界正在反思这个问题，对外汉语界在国际汉语教育飞速发展的大好形势下，更把汉字和书面语教学看作必须突破的瓶颈。从所有这些方面看来，尽管我们无意否认在他源文字语言里语言先于文字的事实，也无法确证在自源文字的汉语里文字、语言到底孰先孰后，但我们可以肯定地说正是有了汉字，才使汉语成了我们现在所看到的汉语，没有汉字，也就没有今天的汉语。汉字、汉语已融成了一个生命的整体，彼此不可或

---

14 郭绍虞（1985）分析过汉语史上言文不一致的原因：（1）因为这是符号不是语言，所以可以回到原始的图画文字，只把几个足以代表形象的符号堆砌起来，像图画一般，也就足以表达意思了。例如"枯藤老树昏鸦"等通篇不用一个动词，"其实只是利用汉字的符号作用，以发挥原始文字形象的表现法而已"。（2）因为不是语言，所以可以变更组织，自矜新格（如"香稻啄余鹦鹉粒，碧梧栖老凤凰枝"等在口语中都是不容许的）。

15 这一点有许多人不会相信，他们觉得中国古代和现代都有这么多的文盲，大字不识几个，其语言怎么会受书面语影响呢？其实向往读书受教育是每一个人的天性，更是中国自古以来社会上的价值观。文盲虽然不识字，在心目中却是以能识文断字的人为榜样的，一有可能就会在口语中加以模仿。加上中国传统的蒙学教育以口诀式的文字为主，特别利于口头传诵，因而，《三字经》《百家姓》《千字文》中的名句和《增广贤文》中带有书面语色彩的文字，在旧时农村不识字的人的口中，也时不时会蹦出两句。20世纪以来，从鲁迅和茅盾等的小说中可以知道，社会上流行的新潮词语很快就会传到最偏僻的乡村，挂在目不识丁的农民的嘴边。中国文盲口中书面语词之多恐怕是西方拼音文字语言的文盲难以想象的。普通话推广开以后，口语大都书面语化了。这一事实恐怕是理论家们没有想到过的。

缺。基于他源文字的语言理论把汉字看作外衣，可以爱脱就脱、爱改就改的主张，已经为历史所否定。而百余年来在学习、掌握、研究、运用汉语等方面的经验和教训也告诉我们，轻视汉字就要受惩罚，只在理论上追求自我满足会让社会和后代子孙在实践上付出代价。汉字在汉语中实在应处于核心地位，是一个"纲"，纲举才能目张。这样重要的东西，不叫"灵魂"，实在无以名之。

参考文献

- 顾彬.二十世纪中国文学史 [M].范劲等，译.上海:华东师范大学出版社，2008.

- 郭绍虞.中国语言所受到的文字的牵制 [M]// 郭绍虞.照隅室语言文字论集.上海:上海古籍出版社，1985：112-114.

- 郭绍虞.语文漫谈 [M]// 郭绍虞.照隅室语言文字论集.上海:上海古籍出版社，1985：183-210.

- 何丹.图画文字说与人类文字的起源——关于人类文字起源模式重构的研究 [M].北京:中国社会科学出版社，2003.

- 潘文国.危机下的中文 [M].沈阳:辽宁人民出版社，2008.

- 索绪尔.普通语言学教程 [M].高名凯，译.岑麒祥，叶蜚声，校注.北京:商务印书馆，1980.

- 王元鹿.普通文字学概论 [M].贵阳:贵州人民出版社，1996.

- 周有光.世界文字发展史 [M].上海:上海教育出版社，1997.

- DERRIDA J. De la grammotologie [M]. SPIVAK G (trans.). Baltomore: The John Hopkins University Press, 1976.

- HARRIS R. Rethinking writing [M]. London: Athlone Press, 2000.

- PEI M. The story of language [M]. Philadelphia: Lippincott, 1965. Reprinted by New York: New American Library, 1984.

第二部分

字本位理论

导　言

　　在我提出和提倡的理论中，字本位理论大约是最有争议性的一个。这个理论，从20世纪90年代初开始酝酿，到2002年正式出版专著《字本位与汉语研究》（潘文国，2002），有十来年。这十来年我主要考虑了两个问题：（1）字在汉语中的地位究竟如何，离开字讲汉语究竟有什么利弊？（2）汉字为汉语所特有，如果汉语研究必须建立在字上，那汉语研究怎么现代化，怎么跟世界语言学接轨？上一部分的第三篇文章《汉字是汉语之魂——语言与文字关系的再思考》回答了前一个问题，我（2002）的专著《字本位与汉语研究》构建了一个普通语言学框架下的字本位理论体系，实际上回答了第二个问题。在这本书里，我以汉语音韵学对接西方的语音学、音系学，以汉语文字学对接西方的文字学，以文章学对接西方的语法学和语篇学，以训诂学对接西方的语义学，以我提出的音义互动律对接西方的语用学，实际上搭建了一个中西对话的平台。选在这里的两篇文章，则是在这个基础上的进一步发展。

第一篇《字本位理论的哲学思考》是我提出哲学语言学的主张后，秉持这一精神从哲学角度对字本位理论进行的深入思考。文章从认识论角度讨论了字本位理论的必要性及其在学术发展史上的意义，从本体论角度论证了这一理论的科学性及学理基础，从价值论角度讨论了这一理论的实际应用价值，从方法论角度论证了这一理论的创新意义和独特价值，从而使这一主张在理论上得到进一步提升。

第二篇文章《字与语素及其他》，则是针对字本位与词本位之争的焦点问题"语素"做出的回应。有字本位理论的反对者说，如果你们把"字"改称为"语素"，那你们的理论我们就完全可以接受了。而我认为，坚持字与语素之别恰恰是字本位理论研究者无法让步的地方，这个问题必须从理论和历史上予以澄清。这篇文章的另一个意义是重申了建立在字的基础上的汉语形位学，它上接传统的《说文解字》，外与西方建立在 word 基础上的 morphology 相对应，是打通古今中外研究的枢纽，值得花大力气进行研究。

参考文献

• 潘文国. 字本位与汉语研究 [M]. 上海：华东师范大学出版社，2002.

四 字本位理论的哲学思考 [16]

字本位理论作为一种全新的汉语语言学理论，从徐通锵先生最早提出，到现在已有 20 多个年头，同时也引起了国内外学术界、对内对外汉语教学界，以至中国外语教学界的关注，赞扬声和批评声都不绝于耳。这些对字本位理论的深入研究都是有益的。但是我们认为，一种新的理论提出来，最根本的是要能回答四个方面的问题：必要性、合理性、现实性和独特性。必要性是从学术发展的角度论证这种理论的历史价值；合理性是从学理的角度论证这种理论的科学性；现实性是从现实的角度回答这种理论的应用性；独特性是从实践的角度回答这种理论与其他理论相比的优越性。回答这四个问题，也就是对一种理论的深层的哲学思考。只有经过这样的思考，才能更深刻地理解一种理论。本文就这四个方面对字本位理论进行初步的探索。

1. 字本位的认识论意义

为什么要提出字本位？这一理论对语言学科的建设到底有什么意义？我认为，字本位理论的最大意义，在于它是从《马氏文通》引进西方语言学、语法学理论以来，第一个真正本土化的汉语语言学理论。我们充分尊重外来理论的

16　原载《语言教学与研究》2006 年第 3 期，36—45 页。

价值，毫不怀疑"他山之石，可以攻玉"的道理。但是我们也坚信马克思主义告诉我们的道理：事物发展的根本动因在事物内部，外因只有通过内因才能起作用。汉语语言学要发展，其根本动因必须而且只能来自汉语内部。西方语言学理论在建立过程中没有认真考虑过汉语，没有经过汉语事实的检验，因此对于汉语语言学来说只能是"外因"，要让它真正对汉语研究起作用，必须首先认真发掘汉语的"内因"。所谓"外因通过内因起作用"，也就是人们常说的"西方语言学理论与汉语事实相结合"。但正如吕叔湘先生所说，"结合"二字谈何容易。我们经常看到的做法是拿一个西方理论过来，换上几个汉语例子，理论体系、结构框架、描写程序等，全部是照搬西方的。一部20世纪的汉语语言学史，很大程度上就是这么一部历史，有吕叔湘、张志公、朱德熙、徐通锵、程雨民等许多先生的言论为证，限于篇幅，这里只引吕先生广为人知的一段话：

> 过去，中国没有系统的语法论著，也就没有系统的语法理论，所有理论都是外来的。外国的理论在那儿翻新，咱们也就跟着转。这不是坏事，问题是不论什么理论都得结合汉语的实际，可是"结合"二字谈何容易，机械地搬用乃至削足适履的事情不是没有发生过。（吕叔湘 1987）

如果我们心平气和地想一想，就不得不承认他所说的是事实。

正是在这样的形势下，从20世纪80年代下半叶起，一些有识之士纷纷致力于为汉语语言学另找出路，提出了各种各样的新理论，如中国文化语言学、汉语语义语法论、汉语韵律句法学等。字本位理论并不是这些理论中最早的，却是近几年最受关注的、支持和反对也最集中的理论。其所以如此，是因为它触动了"结合"的根本。依我们看，"结合"的根本在于实现立足点的转移，将从西方语言和西方语言学理论出发变为真正从汉语出发，这是百年来汉语研究得出的最重要的经验和教训。"立足汉语"这句话以前不是没有人提出过，但真正从根本上实现这一转移的只有字本位理论。在习惯于百年汉语研究"传统"的人看来，这一理论当然是"大逆不道"的，但从汉语研究发展的角度看，字本位理论的认识论价值却正在于此。循着"西体中用"路子，汉语语言学已经走了一百年，迄今未见走通。那么，尝试一下"中体西用"（这里是借用一下，可能很多人不喜欢这个字眼）的路有何不可？要尝试"中体西用"，先要找出汉语研究的本体在哪里，字本位就是一个寻找汉语研究本体的理论。所谓立足点的转移，就是指研究本体的转移。汉语研究归根到底是要解决汉语的问题，要有适合汉语自身的理论，而不仅仅是替别人的理论作注释。

强调立足点的转移，建立以汉语为本位的语言学理论，肯定会涉及语言共性和个性的问题。有些人似乎怕提"从汉语出发"，怕强调"汉语特色"，似乎这样一来，就会有违于"世界语言研究的大势"，而只有"不断引进"，才能使中国语言学赶上国际语言学研究的潮流。这是在认识上的又一个误区。字本位在理论上的又一个价值，也正是希望打破这个误区。对待共性和个性问题，字本位理论的倡导者和支持者有下面两个认识：

第一，什么是共性？共性不是先验地推断出来的，而是从个性中抽出来的，"一般"是从"特殊"中概括提炼出来的。被概括的特殊事物越多，提炼出来的共性就越可靠。普通语言学是从人类全部语言中概括出来的理论，被概括的语言越多，这个理论就越具有普遍性的价值。现在的普通语言学理论基本上是在印欧语的基础上建立起来的，就印欧语言而言，这个理论有相当大的概括性和普遍性。但这个理论没有能够概括汉语以及世界上其他语言的特点，因而又是有限的，不够"普遍"的。我们不要光看到现在的普通语言学教科书后面都列了一长串世界语言的名称和分类，列出名称不等于进行过深入研究。事实上，印欧语之外的绝大多数语言都未经或缺少系统深入的研究，特别是本族语言学家参与的研究。我们只有看到现行普通语言学的这种两重性（既有一定范围、一定程度上的普遍意义，又有不可避免的局限性），才能看到普通语言学本身的发展之路。可以这么说，经过两个世纪的发展，在印欧语基础上建立的普通语言学已经发展得相当完善了，进一步发展的余地已经不多。真正的、全人类的普通语言学发展的前景在于加强对非印欧语语言的研究。而这一研究有两条路可走：一条是从现有的以印欧语为基础的普通语言学"理论"出发，去"解释"各种非印欧语的语言事实；一条是从各种非印欧语的语言事实特别是有别于印欧语的语言"特点"出发，从中提炼出具有普通语言学意义的东西来，丰富、充实普通语言学的内容。我们认为后一条才是普通语言学发展的根本路径。能够包容汉语以及其他语言的普通语言学理论肯定会比现今的普通语言学更全面、更先进。中国语言学者要有这方面的雄心壮志和气概，要有魄力和能力来完善、改写现在的那种并不"普通"的普通语言学。

第二，字本位研究也不仅仅是汉语个性的问题。字本位研究要花大力气解决汉语自身的问题，但从长远来看，我们不能因此而满足，我们的最终目标，是要透过字本位所体现的汉语个性去观察人类语言的共性。字本位研究要有全局观、整体观，要跳出仅仅为汉语服务、仅仅"解释"汉语现象的范围，力求对整个人类的语言现象提出新的理解，从而丰富全人类的普通语言学的内容。字本位研究要有这样的雄心：字本位理论不仅是属于中国的，也是属于世界的。汉语是人类语言的一部分，研究汉语的理论自然也应属于人类语言学理论的一部分。因此，在字本位理论的研究过程中，我们既要立足汉语，又要胸怀世界。不仅要强调汉语汉字的特色，更要着重发掘这一特色的普通语言学意义。字本位理论的根本定位应该是：**汉语特色的普通语言学研究，普通语言学背景下的汉语研究**。这应该成为我们的宗旨和目标。

2. 字本位的本体论意义

字本位理论提出以后，受到的最大挑战，来自现行语言学中语言与文字关系的论断。人们认为，文字是记录语言的，是"符号的符号"，语言学是研究语言的，不是研究文字的。如果主张字本位，那么要怎么研究没有文字以前的语言？对于这样的问题，字本位研究者不能回避，必须做出正面、明确的回答。实际上，也只有解答了这些问题，才能为字本位理论的建立奠定坚实的基础。

第一，字本位是语言学理论，不是文字学理论。

有人说，语言学是研究语言的，不是研究文字的。言下之意是字本位研究者连文字与语言的关系都搞不清，硬要把文字问题塞进语言学。对此，我们必须非常鲜明地强调：字本位理论是一种语言学理论，而不是文字学理论。汉语的文字学早已存在，谁也撼动不了，用不着我们再去摇旗呐喊。正因为把字本位看作语言学理论，要引进"字"的概念，还要对以前认为属于文字研究的一部分内容作出语言学的解释，这才引起了轩然大波。字本位的语言学性在于它是与词本位针锋相对的，也是对近一个世纪以来汉语研究种种本位理论的挑战。它希望解决的不是就"字"论"字"问题，而是汉语研究的基础问题、全局问题，是包括整个汉语的组织规律和汉语研究方法论在内的大问题。引进"字"，从本质上说，并不是引进"文字学"，而只是在语言的口头表达基础上，引进了语言的书面表达形式。我们认为，**完整的语言研究应该是口语和书面语的统一，对于汉语尤其如此**。说到底，这个观点并不是我们提出来的，而是"现代语言学"的创始人索绪尔提出来的。关于文字与语言的关系，他说：

> 我们一般只通过文字来认识语言。研究母语也常要利用文献。如果那是一种远离我们的语言，还要求助于书写的证据。对于那些已经不存在的语言更是这样。（Saussure 1986：49）

对于汉字，他则说：

> 对汉人来说，表意字和口说的词都是观念的符号。在他们看来，文字就是第二语言。（Saussure 1986：51）

由于这两句话（特别是后一句话）并不适用于印欧语，因此长期以来被人忽视了。我们只是把长期以来受到忽视的话重新提出来加以强调，并希望在此基础上建立汉语自身的语言研究理论，这有什么过错呢？如果我们成功地演绎了索绪尔的"假说"，并将它发展成一种完备的理论，它为什么不能成为现行普通语言学的有力补充呢？

第二，"未能事人，焉能事鬼？"

把这句话用在学术讨论上似乎未必合适，但是，对于指责字本位理论"无法研究没有文字以前的语言”的言论，也许只有用这句话来反驳比较恰当。

我们认为讨论问题要有一定的基础，不能信口开河，把自己也解决不了的问题作为论据去批驳对方。从信奉“文字是符号的符号”联想到语言、文字属于两个时期，从而担忧没有文字以前的语言怎么研究，这当然是人们的自由。但这种莫名的担忧却不能作为批驳对方的论据，仿佛提出一种新理论，必须先能解释史前人类的语言研究，然后才有资格拿到今天来应用。这是难以服人的。字本位研究者关心的是如何更现实地解决汉语研究面临的迫切问题，目前还没有达到关心史前人类语言研究的地步。这就是这里说的“未能事人，焉能事鬼？”的意思。事实上，字本位研究者目前做不到的事情，不用字本位也未必能做到。有哪种现行理论对没有文字以前的“语言”做出过令人信服的解释？什么时候有人告诉过我们原始人的发音系统、词汇系统、语法系统、语义系统、语用系统了？或者不说“系统”也罢，什么人提出过史前人类的发音机制、用语特点、语法格式、语用表现了？说到底，关于史前人类的语言研究目前只能停留在假设阶段，也许今后很多年内还只能如此。与其说这些“假设”是在说明史前人类语言的实际状况，不如说是主张者在为其今天的理论张目。指责字本位理论无法解释史前语言，无非是说字本位不合乎目前的语言理论而已。

也许人们会以语言学家成功研究了现代世界上那些没有文字的语言（如美洲印第安语、大洋洲土著语等）为例，证明现代语言学可以研究那些没有文字的语言。相应地，似乎也间接证明了可以研究史前人类的语言。殊不知，这些事实正好证明了前引索绪尔的话，证明了文字对语言研究的重要性。印第安语等是怎么研究的？怎么能对它们进行定性、定量的描写？用什么进行定性、定量的描写？还不是用拉丁字母先把这些语言的音记录下来，然后以英语（一种在书面上成熟的现代语言）作为描写语言（或者语言学家爱说的“元语言”），用基本上以印欧语为基础建立的语言分析模式，对之进行研究。如果没有拉丁字母，没有英语，没有语言分析模式，就什么都做不成。

第三，文字和语言的关系现在还不是铁板钉钉的时候。

人们会反驳说，那不正好证明文字不过是语音的记录，是符号的符号吗？这就涉及一个更深层的问题：文字究竟是不是只是“符号的符号”？

实际上前引索绪尔的第二句话已经回答了这个问题，即，至少对于汉人来说，文字不是"符号的符号"，而是同语音一样是观念的符号，两者的地位不说是平等的，起码没有先后之分。如果有人不服气，我们倒要请教：你有什么证据证明"日、月、山、水"等不是观念符号，而是对"rì、yuè、shān、shuǐ"等读音的记录（这里不用古文字字形和各家构拟的上古汉语"读音"，因为这并不改变问题的性质）？证明中国古人也是先用"rì、yuè"等读音记下"太阳、月亮"的概念，再用"日、月"这两个字形去记下其读音？不承认表音文字和表意文字两大体系（索绪尔的分类）的根本区别，就会对基于表意文字体系的语言产生根本性的理解错误。

从更深的层面看，语言与文字的关系恐怕远未达到不容置疑的地步。20世纪下半叶语言理论与语言哲学理论的最大进展之一就是对文字和书面语地位的重新认识。解构主义哲学家德里达（Derrida 1976：14）颠覆了西方自柏拉图以来的"语音中心主义"传统，鲜明地提出，"在文字产生之前，根本就没有什么语言的符号"。英国语言学家哈里斯（Harris 2000）也旗帜鲜明地主张文字与语言是两种并行的符号系统。当代最新的语言理论的发展表明，语言并不仅仅意味着"音义结合"的符号系统，人类语言比我们所知道的要复杂得多。举个最简单的例子，我们就可以知道语音并不是人类进行交际的唯一手段：学过外语的人都有过这种经历，如果听一段电影录音可听懂60%，那么看同样的一段录像可能就能听懂70%甚至更多；而如果与外国人面对面交谈，听懂对方的概率更可达90%以上。可见对语言的理解很多是利用语音外的因素。语音并不是语言交际的唯一手段。正是在这些新认识的基础上，我提出了语言的新定义："**语言是人类认知世界及进行表述的方式和过程。**"（潘文国 2001：106）字本位理论正是在这种新语言观下对汉语研究提出的新范式。

第四，"自源文字"和"他源文字"之别是字本位理论的基石。

谈到表意文字与表音文字之别就必然会涉及文字的另一个重要分类原则：自源文字与他源文字。依我们看，文字发生学上的这个区别是十分重大的、具有根本意义的区别，在某种程度上，我们甚至可说它是字本位理论的一块基石。

在《字本位与汉语研究》一书里，我们曾指出：

> 把文字的这两种分类综合起来考虑,我们会发现表意文字与自源文字、表音文字与他源文字，实际上是重合的。凡自源文字都是表意的（不论是形意文字、意音文字、表词文字），凡他源文字都是表音的。……在上述两种分类里，汉语既是表意体系文字在当今的唯一代表，又是自源文字在当今的唯一代表。（潘文国 2002：91-92）

"功能性"的分类与"发生学"的分类在汉语与世界多数语言的对比上重合了，这难道还不足以说明这种区别对汉语研究的重大意义吗？难道一定要让非"表音文字"、非"他源文字"的汉语也采取为"表音文字""他源文字"的语言而设立的一整套理论才能叫作"科学"的研究吗？

从语言发展史来看，尽管有许多人认为原始汉语是形态丰富的语言，有人还构想了原始汉语的种种屈折变化。但由于材料缺乏，至今还是既无法证实也无法证伪的假说。不过有一点是谁也无法否定的，主张原始汉语是形态语言的研究者对之还更加坚决，那就是汉字产生以后，汉语与世界上大多数语言走上了大相径庭的发展道路。《诗经》说，"靡不有初，鲜克有终"，如果我们同意汉语与其他语言的分道扬镳是从汉字诞生以后开始的，我们就更有必要认真研究汉字形式产生以后究竟给汉语带来了什么样的变化，怎么会使汉语演变成了今天这种模样。字本位研究想完成的正是这样的任务。这是切切实实的"事人"的任务。从这一点看，任何想回避汉字或汉语书面语来研究汉语的理论，都是自欺欺人的理论。

3. 字本位的价值论意义

上面两个部分主要从普通语言学理论方面阐述字本位的意义，这一部分将更多地讨论这一理论对汉语与汉语研究的意义，或者说，它的现实意义和实践意义。检验一种理论是否具有真理性的最终标准只能是实践。当然我们允许也鼓励在一定阶段、一定情况下理论与实践"应当而且必须保持一定的距离"（潘文国 1997：58），但不能允许一种理论长时期、甚至永远不受实践的检验而自称其具有"科学性"。从西方引进而建立起来的汉语语言学已经经过了一个多世纪的发展，我们现在以实践来对它进行检验可以说并不是过分的要求。结果我们发现了两个最大的问题，第一是与历史脱钩，第二是与现实脱钩。至于在汉语"信息化"上少有作为那还是其次的事情。

第一个问题是"与历史脱钩"。对于每个研究汉语的人来说，语言研究传统的继承性和连续性是不容回避的。从《马氏文通》开始起步的汉语语言学，撇开功过成败等有争议的问题不谈，至少必须承认一个事实，它割断了汉语研究的传统，"传统"的汉语研究与"现代"的汉语研究成了互不相干的两大块。在中国语言学界，搞古代汉语的不管现代汉语，搞现代汉语的不管古代汉语，这已成了不争的事实。这就带来了两个发人深省的问题。

其一，古代汉语与现代汉语是一种语言还是两种语言？如果说是一种语言，那么它在研究方法上应该不应该有连续性？即使是一种语言的两种形态（姑且说是书面语和口语吧，其实"现代汉语"同样有书面语和口语的问题），那是不是必须采用两种互不相干的研究方法，比方说，一个以"文字学"为中心，一个以"语法学"为中心？如果说是两种语言（我不知道有没有人持这种观点），那么是不是意味着语言不同，研究方法就应不同？"普通语言学"是人类普遍的语言学，理应涵盖人类历史上有过的和现存的各种语言，为什么在解释古代汉语上就不灵了？不是没有人尝试过用"语法中心"观点去研究古代汉语，但这很少真正引起传统古汉语学者的兴趣，这是为什么？

其二，语言研究有三大传统：印度传统、希腊传统和中国传统。注重语音分析和构词分析的印度传统，与注重形态学、后来又加上句法学的希腊－拉丁传统合流成印欧语研究传统，共同形成了现代的"普通语言学"的基础，唯独以"小学"为中心的汉语研究传统始终被排除在"普通语言学"的主流之外。普通语言学置人类三大语言研究传统之一于不顾，还是全人类的"普通"语言学吗？汉语语言学割断中国语言研究的传统，还能叫"中国"的语言学吗？

认真回顾百年来的中国"现代化"史，有不少事情是令人感到沉痛的。为了"现代化"，中国付出了过多的代价，其中之一就是对传统的遗弃和牺牲。环顾世界，可以说还没有一个国家，特别是有悠久历史文化传统的大国，其现代化的过程是以抛弃传统为代价的。不论是有千年历史的欧洲各国，还是只有区区二百余年历史的美国，其对传统的维护，对民族性的珍惜，都是有目共睹的。只有在中国，才会产生越骂祖宗越"革命"、越毁弃传统越"现代"的事情，这难道是正常的吗？进入新时期以后，整个学术界都在对20世纪以来的历史进行认真的反思，大概只有语言学界是个例外。这个问题说来话长，这里暂且不谈，我们只想提请人们注意一点：在语言研究中，究竟该是以理论服务事实，还是以事实迁就理论，甚至以理论来改造事实？[17] 词本位就是这样一种与汉语研究传统、汉语事实格格不入的怪胎，只要奉行词本位一天，古今汉语的研究传统就永远不会有对接起来的一天。

字本位研究的目标之一，除了在横向上希望建立与世界普通语言学对话的新机制，让中国语言学以其独特的身姿，进入普通语言学的殿堂之外，还希望在纵向上承接中国语言研究的悠久传统，以一种理论来纵贯自古至今的汉语研究，让世界三大语言研究传统之一的中国传统放出现代化的光彩。

第二个问题是"与现实脱钩"，我们指的主要是语言研究的应用层面，首先是语言教育问题。如果说现代汉语的研究与古代汉语的研究事实上成了互不相干的两大块，那么中小学的语言知识教育与学生的语文实践也越来越成为互不相干的"两张皮"，而且"现代语言学"研究越深入，这一偏离情况就越严重。早在20世纪初《马氏文通》问世后不久，许多有识之士甚至包括孙中山先生，都纷纷撰文指出，《马氏文通》的实际作用与其宗旨背道而驰，所谓的语法知识无助于提高学生的语文水平。陈寅恪先生（1980）更是激烈地指出《马氏文通》之类文法教育的方法还不如传统的"对对子"，这一主张60年后竟得到

17　这一似乎不可思议的事在汉语研究中确实存在。譬如在"文字改革"过程中就有人提出要用拼音文字来改造汉语，少用或不用单音词，让汉语尽量多音节化这种主张（见林汉达 1949）。近年来继续支持文字字母化改革的人提出的理由之一居然是，让汉语适应现代计算机技术的发展。

了两次主持制定汉语语法"共同纲领"的张志公先生（1992）的支持。然而从事"现代语言学"研究的人仍然乐此不疲，甚之者以其从事的是不必联系实践的"科学研究"而自得。前面我们说过，我们同意理论研究在一定时期、一定程度上可以脱离实际来进行，但像语言学这种与人类生活密切相关的学问不可能永远脱离实际而留在象牙塔里，一年可以，十年可以，一百年了，还对提高全民族的语文水平无补，这样的理论还不该从根本上进行反思吗？退一步说，即使这种研究真有必要脱离实际来进行，那也是"专家"们的事，何必要浪费莘莘学子的青春和生命去学习这种"鸡肋"般的知识呢？语言研究最终必须解决应用问题，尤其是语文教育问题，包括母语教学和对外国人的汉语教学。字本位理论牢牢立足汉语本位，从一开始就希望解决的不仅是理论问题，更有实践问题，希望找出一条更有效的汉语教学之路，提高全民族的语文水平，同时，更有效地向全世界推广汉语，以之作为自己的又一个目标。

4. 字本位的方法论意义

怎样衡量一种新理论、新概念、新方法的价值？从正面看，这一新理论、新概念、新方法的提出，必须要有与前人不同的特点，必须要说出前人未说过或未说清的东西，必须要能解决前人未解决或解决得不好的问题；从反面看，必须要证明哪些问题是在新理论提出之前没有解决或解决得不好的，由于新理论的提出，使人们对之有了新的视角或解决的方法。学术研究的全部价值就在于此。否则的话，重复别人说过的话，或者只是引用别人的理论，增加一两个例子，那对学术进步毫无意义。字本位作为一种新的理论，它提出了哪些新东西，解决了哪些前人没能解决的问题呢？字本位学者的论著已经从各个方面对此做了解答。这里我们只想从最宏观的层面概括字本位理论在方法论上的三个最主要的特色和贡献。

第一，字本位理论首次提出了语言研究的基本单位问题，并认为这是普通语言学的一个共性。

语言研究史，特别是汉语研究史上提出本位问题，字本位并不是第一个。

从黎锦熙先生的句本位开始，词组本位、小句本位等先后有人提出。但这些"本位"无一例外只是作为语法研究出发点的单位，因而与语言研究的全局并无关系，与不同语言的特色也没有关系。语法理论在变化，这些"本位"也在移动。因此这些本位观并不真正具有本体性的意义。而字本位认为每一种语言都存在一种基本单位或基本"粒子"，是该语言各个"平面"研究的出发点，并不局限于语法。这一基本单位，在印欧语中是"词"，在汉语中是"字"。在印欧语中，"词"是语音、语汇、语法、语义、语用等研究的交汇点；在汉语中，"字"也是语音、语汇、语法、语义、语用等研究的交汇点；在古汉语中，"字"则是音韵、文字、训诂、章句等研究的交汇点。牵一发而动全身，抓住了这个"本位"，就抓住了这种语言研究的"纲"；纲举而目张，各项研究就得以建立自身独特的体系。

从这一立场出发，字本位研究既沟通了古今，又打通了中外，成了一种真正包容古今中外的理论，特别是成功解决了古今汉语研究传统的衔接问题，这是《马氏文通》以来任何汉语理论所未能解决的。

这一理论其实还同时回答了"文字产生之前的语言有没有基本单位"的诘问。如果文字产生之前确实存在过成熟的语言（这在目前只是个"假设"，因为谁也没有说清过这些"语言"到底是什么样子的），那答案当然是"有"。但是"各种语言都有基本单位"只是共性，而这个共性在各种语言中的表现未必相同，在印欧语中它表现为"词"，在文字产生以后的汉语中它表现为"字"。在文字产生以前的语言中表现为什么？那谁也不知道，当然不可能是"字"，但也不见得非是"词"不可。君不见在"复式综合语"的某些印第安语里，许多形态成分甚至别的语言里的主、谓语等都可以浓缩在一个单位里，难道这个单位非得叫作"词"？就是在古代印欧语里也还有类似的情况，如古希腊语阿基米德说的"Eureka！"，古拉丁语恺撒大帝说的"Veni，Vedi，Vici"，我们能说这些都是一个个"词"么？

第二，字本位理论第一次真正提出了语言的"生成"问题。

语言怎么生成？或者说，人是怎么说话或写作的？这应该是语言研究的核心问题。但令人惊讶的是，迄今为止的西方语言学理论以及在其影响下的汉语现代语言学理论，没有一个是研究这个问题的。这并不是危言耸听，我们可以对西方语言学史作一个分析。西方"科学"的语言学史是从 19 世纪的历史比较语言学开始的（在此之前的"语文学"属于"前科学"），但"科学"是什么？各个学派却有不同的回答。早期历史比较语言学家施莱马赫等人认为科学就是"比较"；后期历史比较语言学家，新语法学派的保罗等人认为科学就是"历史"；结构主义语言学家索绪尔等人认为科学就是"系统"；欧洲语法革新论者斯威特、叶斯柏森等人认为科学就是"描写"；美国结构主义语言学家布龙菲尔德等人认为科学就是"分类"；生成语言学家乔姆斯基等人认为科学就是"解释"。乔姆斯基的语言学理论虽然标榜"生成"，但他所谓的"生成"并不是指"人怎么说话"。乔姆斯基的出发点是句子，这就先验地排除了研究这一问题的可能性。在早期，他关心的是怎样从句子"生成"该语言所有合语法的句子而不"生成"不符合语法的句子，其方法是"转换"，即从深层结构"转换"为表层结构。在后期，他抛弃了"转换"，似乎真的关心起"生成"问题来了，但实际上又把"人怎么说话"的问题变成了"人怎么学会说话"的问题，即语言的起源这个老问题，并把"儿童学会说话"与"人类学会语言"的过程相类比（具体内容比较复杂，这里不作讨论），最终归结为天赋或人类天生的语言机制。这一结论既无法证实又无法证伪，因而只具有哲学上的意义。从天生语言能力出发，乔姆斯基又把"生成"解释为从人类共同的一些"原则"出发，经过某些"参数"的调整，"生成"各种具体语言的过程。显然，这一"生成"也与"人怎么说话"无关。当代西方真正关心"人怎么说话"的可能是莱柯夫等人的认知语言学，这是我们比较看好这一学派的重要原因。

　　而在中国，马建忠做的实际是"比较"，其后除王力、吕叔湘等少数人外，绝大多数语言研究者做的只是"分类"加"贴标签"，同样几乎没有涉及"人怎么说话"的问题。实际上，西方语法做的只是静态的分析，在此基础上不可能讨论"生成"问题。这一点严复（1986：152）早在 100 多年前就指出了："故文谱者，讲其所已习，非由此而得其所习也。"语法学习不敷实用，尤其是本族人认为学了无用，就是这一本质特点决定的。语法研究方法无论怎样变化，只要这一基本语法观不变，就永远跳不出"语法无用"的怪圈。

而字本位的立论基础之一是刘勰（1986）的"夫人之立言，因字而生句，积句而成章，积章而成篇"。这才是一个完整的"立言"的生成过程。有人可能会觉得，"因字而生句"有什么了不起，这谁不知道！但"知道"是一回事，愿不愿、能不能在此基础上建立起一套完整的理论是另一回事。从上面的简单回顾中可以知道，以往的语言学理论都没有帮助我们解决这一问题，字本位理论在这方面的探索就显得格外可贵了。因为只有真正解决"生成"问题，才能最终解决语言的学习和使用问题，亦即语言学的最终功用问题。

第三，字本位理论旗帜鲜明地强调语言的动态研究。

语言不是"产品"，而是"活动"，这个观点最早是洪堡特提出来的。但200年来并没有得到过真正的重视。如上所说，到结构主义为止的西方语言学，做的都是静态的分析；生成语言学的"生成"，是一种哲学的探索，与语言的实际应用可说无关；当代语用学讲的"语用"，讨论的只是语言的使用场合，例如如何说话才更加"得体"等，基本上不涉及语言自身的组织。"字本位"理论继承了语法与修辞相结合的汉语研究传统，研究汉语在使用中的组织过程，把语言的动态研究放在了首要地位。有好几位朋友问起，为什么一定要讲"字"本位？讲"词"或"语素"为什么不行？有什么事不能在"词"的范围内解决，非要离开人们熟知的术语去另搞一套？我认为至少就汉语而言，词本位与字本位的最大区别之一，就在于前者是静态的研究，后者是动态的研究。研究汉语构词法的学者早已指出，汉语的"词"不是现成的东西，而是"从句子中摘出来的"（陆志韦等 1957），因此，主张"词本位"的人无不致力于词的定型化，使汉语的词成为西方的词那样真正的实体。但定型化的结果就与汉语在使用过程中的灵活性相矛盾。譬如我们给"桌子"定了型，就无法解释为什么说"书桌"而不说"书桌子"；如果给"书桌"也定型为一个词，又会碰到"方桌""方桌子"两者都能说的情况。我们总不能把"方桌""方桌子"或者"方""桌"都定型为不同的"词"，这样就会使词的数量极其庞大而且不敷实用。这样的例子不胜枚举，人们现在把这现象概括为汉语单双音节在使用中的灵活性。但单双音节的灵活性用词本位是无法解释的,用字本位就可以。为什么? 因为"字"是音形义的统一体,它可以以"含义单音节"的身份参加造句过程中单双音节的种种变化。为什么不叫"语素"? 一个简单的理由是:语素也是分析出来的,不是天然的,而且语素不一定是单音节。

如果把汉语的基本组织单位确定为一形一音一义的"字",我们就能自如地解释汉语动态的组织过程。我们把这个组织过程概括为"音义互动律",它包含两个内容,一是由小到大的"生成论",即刘勰(1986)说的"因字而生句,积句而成章,积章而成篇";二是由大观小的"调控论",即刘勰(1986)说的"篇之彪炳,章无疵也;章之明靡,句无玷也;句之清英,字不妄也"。我们认为,只有这样一种动态的过程,才能真正解释千百年来中国人使用汉语的过程。

参考文献

- 陈寅恪.与刘叔雅论国文试题书 [M]// 陈寅恪.金明馆丛稿二编.上海:上海古籍出版社,1980.

- 林汉达.中国语文的整理和发展 [M]// 倪海曙.中国语文的新生.上海:时代书报出版社,1949:362-373.

- 刘勰.文心雕龙 [M]// 周振甫.文心雕龙今译.北京:中华书局,1986.

- 陆志韦,等.汉语的构词法 [M].北京:科学出版社,1957.

- 吕叔湘.序 [M]// 龚千炎.中国语法学史稿.北京:语文出版社,1987.

- 潘文国.语言研究与语言教学 [J].语言文字应用,1997(增刊).　。

- 潘文国.语言的定义 [J].华东师范大学学报(哲学社会科学版),2001(1):97-108.

- 潘文国.字本位与汉语研究 [M].上海:华东师范大学出版社,2002.

- 严复."英文汉诂"叙 [M]// 王栻.严复集:第一册.北京:中华书局,1986.

- 张志公.传统语文教育教材论——暨蒙学书目和书影 [M].上海:上海教育出版社,1992.

- DERRIDA J. De la grammotologie [M]. SPIVAK G (trans.). Baltomore: The John

Hopkins University Press, 1976.

- HARRIS R. Rethinking writing [M]. London: Athlone Press, 2000.

- SAUSSURE F de. Cours de linguistique générale [M]// BALLY C, SECHEHAYE A, Paris: Payot & Cie, 1972. HARRIS R (trans.). La salle: Open Court Publishing Co, 1986.

五　字与语素及其他 [18]

字本位与词本位的论争，本来没有语素什么事，它是半路杀出来的程咬金。而且一出来就矛头指向了双方：对词本位者说，词还算不上是基本单位，语素才是真正的基本单位；对字本位研究者说，要是你把"字"换成"语素"，那么字本位所主张的一些观点，我就都可以接受了。看来，对这个程咬金，确实有讨论一番的必要。

1. 字本位与词本位之争是语言研究方法论之争

把字本位与词本位相提并论，作为一对矛盾对立体，是我在 1996 年的一篇文章（潘文国 1996）里提出来的，这一说法在之前没有过。很多人在介入这一争论之前其实并没弄清楚这场争论争的是什么，以为还只是语法研究中哪级单位更重要之争，因此争辩说字不是语法单位，词才是语法单位，或者说语素才更重要等。其实这些都是误解。

在汉语研究历史上，本位问题确实是语法研究引起的。黎锦熙先生最早提出句本位，他针对的是马建忠。以后朱德熙先生提出了词组本位，是针对句本

---

18 原载周上之、张秋杭主编《汉语独特性研究与探索》，上海：学林出版社，2015 年版，1—10 页。

位的。字本位是徐通锵先生首先提出来的，实际上已有了方法论的意义，但许多人以为他针对的只是语法研究中的句本位和词组本位。小句本位是史有为先生一度提出过的，也是语法研究的概念。其他没有明确提出的本位概念，如邢福义先生的小句中枢说，被人归结为小句本位，马建忠的《马氏文通》，被黎锦熙先生根据全书以十分之九的篇幅谈字类的情况，归结为（字）词类本位。还有一些没有固定单位的本位说，如史有为的移动本位、马庆株的复本位、邵敬敏的无本位等，都是在语法范围内进行的。但确实从来没有过词本位。那么，我为什么要提出词本位，并以之作为与字本位针锋相对的一个概念呢？这是因为我的着眼点与上述各种本位并不一样，提出上述各种本位概念的几乎都是语法学家，是把本位作为语法研究的一个单位来理解的，种种争论是围绕汉语语法研究应该以什么为重点或出发点的问题。而我所主张的字本位，则不仅是语法研究从哪里出发的问题，而是整个汉语该怎么研究的方法论问题。我的字本位观点集中在《字本位与汉语研究》中，其实这本书是一项教育部课题的研究成果，课题的名称叫作"字本位与汉语研究的方法论"，出版时为了缩短标题、突出重点，我去掉了后面四个字。在书中我讨论的就不仅仅是语法，还涉及了语音、语形、语义、语用等。我在整个普通语言学的框架下，对在字本位基础上如何研究汉语的方法论作了全面的论述和探讨。其实如果说徐通锵先生在90年代初刚提出字本位理论时还曾较多地考虑语法研究的话，到1997年《语言论》和其后一系列著作的出版，他已明显把字从语法基本单位转为汉语语言基本单位了。以字作为本位或出发点，以此来建立汉语研究的全局，这样一种全面的研究思路，有可能跟它竞争的是谁呢？本身只是语法研究某级单位的东西，词类、句子、词组、小句、语素，统统没有这个资格，因为它们不在一个层面上。唯一有可能取得这个资格的是词，因为在所有前面这些本位观的后面，都有以词作为研究本位的西方语言理论的影子。这个"词"，或者更清楚地说，英语的 word，不仅仅是语法研究单位，而且具有"一体三相"特点，即同时涉及语言中音、形（在西方语言中指语法）、义三个方面的语言基本单位。说到底，前面列举的汉语语法研究种种本位，除徐通锵先生的字本位外，无一不来自西方，是西方某一阶段语法研究观在中国的折射。在西方，语法研究是整个语言研究的一部分，由于西方整个语言研究是建立在词的基础上，或者说是从词出发的（在西方，其他单位同样不可能成为整个语言研究的出发点），因此，用词本位一词可以概括和包容所有这些本位学说，甚至范围更宽。因为它背后是整个当代西方语言学的格局，具有语言研究方法论的意义。说得更清楚一点，设立词本位这一标杆，不仅仅是为了语法单位的争论，而且是为了进行两种语言研究方法论的探讨。这是字本位和词本位之争的真正意义所在。

从语言研究方法论的角度看，这一争论所要解决的根本问题是，哪一种方法更适合汉语的研究（包括理论和应用）？由于字本位的研究与教学是汉语自古以来的传统方法，而形形色色的词本位研究理论都是 20 世纪以来从西方引进的，因此这一争论本质上也可以说是中国的语言学研究方向之争：汉语的研究应该建立在中国传统的基础之上，还是建立在西方语言学的基础之上？要是放在 100 年前，这个答案可以说是不证自明的，当然是用中国传统的方法，因为用中国的"小学"传统来指导我们的语言学习和使用已有 2000 多年的历史，发展得相当成熟和有效。而马建忠的《马氏文通》只不过是依照西方语法的葫芦画瓢，引进了一些西式语法的词类和句成分名称而已。按照孙中山（1987）的说法，它只能成为"通文者之参考印证"，却不能成为"初学者之津梁"。但是现在的情况与 100 多年前不同了。白话文运动的兴起及其在语言生活中全面取代文言文已经改变了中国当代语言的生态。当代白话文有三种成分：（1）传统中的浅白文言；（2）民间口语的记录；（3）翻译腔和欧化语文。在新派文人和新派知识分子笔下，第三种还是主流。这种夹杂的语言特别是第三种成分与西方语言特别是英语有着深刻的联系（所谓翻译腔往往就是英语腔，所谓"欧化"往往就是"英化"），这就使人们使用建立在以英语为代表的西方语言基础上的现代语言理论来解释汉语时也颇有方便之处。因此，汉语研究向哪个方向发展就有了第二种可能——沿着西方语言学方向前进。这就是字本位与词本位之争的实质。我的基本观点是：中国语言学要坚持汉语传统，吸收外来新知，走结合创新之路。"坚持汉语传统"指的是坚持汉语最根本的特色，即以字为本；"吸收外来新知"是不断吸收西方现代语言学中于我有用的成果；"走结合创新之路"就是在前两个认识的基础上，建立起一个符合汉语特点又顺应世界语言研究潮流的新体系。我的《字本位与汉语研究》其实就是这样一种尝试。该书的整个体系是建立在当代普通语言学的框架上的，包括语音学、语形学、语义学、语用学，这不是现代所有普通语言学的核心内容吗？但章节的具体内容又都是建立在字本位认识的基础上的。

2. 本位的条件

从语言研究方法论的角度看，只有汉语的"字"和印欧语的 word 具有本位的资格，而其他单位，例如汉语的"词"或英语的 morpheme，都不是。这要从本位的条件来看。在讨论汉语的"字"与英语的 word 的对应性时，我曾指出它们同时符合四个条件，也就是作为语言研究本位的条件：（1）是各自语言的天然单位，也就是使用该语言的人不需要专门学习，天生就能辨认的单位；（2）是各自民族认识世界的基本单位；（3）是各自语言研究各个平面的交汇点；（4）在语言自身组织上处于承上启下的位置，是字（词）法和句法的交接点（潘文国 2002：97-11）。而这四个条件，汉语的"词"和印欧语的 morpheme 一个也不具备。

第一，字在中国人心目中具有心理现实性。随便拿张纸，问一个大字不识一个的人，上面有多少字，他也能告诉你。印欧语的 word 也是如此。这就是天然单位的意思。汉语的词是天然单位吗？不是，它是分析的结果。汉语界至今没法对词下一个确切的定义，词和语素、短语的划界几乎是汉语研究的世纪难题。没奈何，王力先生（1990）只好给词下了一个他认为反映了词的本质属性的定义："词是从句子中分出来的最小意义单位。"由于词是分析出来的东西，不同的理论、不同的学派、不同的个体，分析的结果便不可能一致。拿出一段话来，要指出其中有几个词，不同的语言学家可能有不同的结论，没经过语法训练的老百姓就更说不清楚了。这样一个自身形态都不确定的单位，能作为研究的出发点吗？当然不能。印欧语的 morpheme 或我们借用过来的"语素"也是这样分析出来的，不是天然的单位。在西方语言里，对有些成分是不是语素的看法莫衷一是，例如在 strawberry、blackberry、cranberry 中，相对于

straw-、black- 的 cran- 是不是一个语素，英语学者的意见就存在分歧：它毫无意义，能不能算作"音义结合的最小单位"？汉语中也是如此，都说联绵词、译音词是一个语素，那"葡式（蛋挞）""蝶泳"中的"葡""蝶"算什么呢？"加拿大"是一个语素，那在"西方有个加拿大，中国有个大家拿"里还是吗？

第二，汉语的"字"和印欧语的 word 都是认识世界的基本单位，每个汉字和每个 word 都对应着现实世界的一个概念。由《说文解字》可知，每一个汉字都对应着现实世界的一个事物或概念。当然，随着时代的发展，客观世界变得越来越复杂，有的概念要用两个或更多的字来表达。但这并没有改变字的基本属性，因为有很多双音或多音字构成的概念，是可以还原它包含的几个字的意义的。这就好像印欧语中的复合词，它是以原来的词为单位的。因此美国语言学家 Mark Aronoff（1976）提出英语构词法的本质是以词造词（以单纯词造复合词，或以字造字组）。因而，以字为出发点，是一种还原论的科学方法。但把几个字构成的群体当作一个整体，无视其内部构成，以之作为出发点来研究语言，只会事倍功半。西方的 morpheme 同样如此，它是从词里析出的意义成分，意义含混而不明确，并不对应客观世界的任何一个概念。

第三，所谓的交汇点指的是汉语"字"和印欧语 word 的语言学意义，它是语言研究各领域的出发点。汉语传统语言研究的三大部分，音韵学、文字学、训诂学都是从字出发的。古人未归入语言文字学而实际应该归入的文章学也是从字开始的，如刘勰（1986）所说的"因字而生句，积句而成章，积章而成篇"。在现代，语法之外的语言学领域也涉及字和 word，譬如在书写形式上，过去汉语特别重视正字，不写错别字，而当今社会错别字泛滥，其中一个原因就是过于重视所谓词而忽视正字。英语的正词法也是对词而言的，没有对语素提出过什么"正语素法"的要求。在音韵上，汉语的节律是从字或者单音节出发的，英语的重音理论是建立在 word 的基础上的（如一个词只能有一个重音）。而语素是没有重音的，语素与音节也没有一对一的关系，因此在语音或韵律研究上无足轻重。在语法上，不管现代语法学家怎么排斥字，都离不开它。我们只听说过"把字句、被字句、连字句、是字句"，却没听说过（大约也不会有）"把词句、被词句、连词句、是词句"或者"把语素句、被语素句、连语素句、是语素句"。为什么这样？因为你不能断定它到底是不是词，也不能断定它的词性是什么，任何一种说法都会引起争论，只有作为一个"字"参与造句是没有异议的。印欧语的 morpheme 在语法学上是有意义的，也只有语法学的意义。

第四，作为语言研究基本单位，汉语的"字"或英语的 word 还有一个重要意义，它是字（词）法和句法的交汇点、语言组织的枢纽。世界上各种语言的语法（语言组织法）都由两个部分组成：基本单位向上的合成和基本单位自身的构成。在西方语言学中，前者叫句法，后者叫词法。这是两种不同性质的研究。而连接这两种研究的就是基本单位自身。在英语中，基本单位就是word，以 word 为基础，向上就是 syntax（通常译成句法，但从现代语言学来看还应包括篇章组织法），向下就是 morphology 或 word-formation（词法或构词法）。在汉语中，由字向上的是文法，即"因字而生句，积句而成章，积章而成篇"（刘勰 1986），向下的是字法，即传统的文字学或六书学。从字出发可以打通古今汉语的研究，实现古今语言学的接轨。印欧语的 morpheme 没有这样的功能，它处在词法分析的最底层，再分析下去就只剩字母和音位了，而这已不属于语法，甚至不属于语言学了（前者属于纯形体的文字学，后者属于语音学）。而汉语的"词"与英语的 word 其实不对等。它貌似也有向上的句法和向下的词法，但所谓的词法与句法其实没有什么大的区别，语法学家美其名曰"汉语中词、短语和句子都用同一套结构方法"，因为实质上都在文法范围之内。汉语中的词只是文法中的一个阶段，或者说，现代的构词法只是古代造句法的遗留，而真正的字法却在现代汉语语法学中被取消了。失败了的汉语拼音化如果实现，那会从根本上消灭汉语的词法，因为用汉语拼音转写的任何词都只有标音的意义而没有任何词法或构词法的价值。而汉字的过度简化是用貌似科学的文字理论消磨了汉字本身的科学性和理据性。

3. 汉语的语素与西方的 morpheme 不对应

综上所述，除了语法研究，语素在语言中没有什么地位，它与汉语的字或英语的 word 完全无法比，它也许可以成为某派语言学研究语法的起点，但完全不能成为语言研究的出发点。

而即使在语法研究中，语素也不具有字或 word 那样的重要性，把 morpheme 类比于汉语的字更是个误会。有人会说，在西方语言学里，以词为本位，那是传统语言学时代的事，现代语言学不是都以语素作为最小单位了吗？我们拿来与字对应，不是解决了词本位和字本位的矛盾，两家皆大欢喜了吗？要解答这个问题，我们不妨先来回顾一下 morpheme 概念产生和演变的历史。

在历史上，morpheme 的产生和演变经历了两个阶段。第一阶段是在欧洲，从古代到 20 世纪初索绪尔开创现代语言学的时代，语素是没有地位的，语言的基本单位是词和句子（包括分句）两级。只是比较语言学家在语言比较过程中，发现单单比较词还不够，往往还需要比较比词小的成分才能看清问题。比较语言学家把这种比词小的成分分为两类，一类表示意义或范畴，一类是语法标记。前一类在德语里是 Bedeutungslaute，在法语里是 sémantèmes 或 radicaux，在英语里是 roots，中文译成词根；后一类是语法标记，德语叫 Beziehungslaute，法语是 morphème，英语是 morpheme，morpheme 又进一步分为 inflections 和 affixes，也就是构形成分和词缀成分。显然，在那个时候，morpheme 不可能成为欧洲诸语言研究的出发点，更不可能成为本位。但 roots 和 morpheme 合在一起叫作什么，欧洲语言学家开始并没有给出专门的名称。后来，法国语言学家马丁内把这种比词小的语言单位叫作 moneme，并把 moneme 分成两种，一种是表示词汇成分的 lexeme（义素），另一种是表示语法成分的 morpheme（形素），分别对应原来的 roots 和 morpheme。在整个第一阶段，由于汉语中根本就没有这一概念上的 morpheme，因此完全没有引起汉语学者的兴趣，只有语言类型学家从这里捕捉到灵感，从而把词的构成形态作为区别语言类型的标准。早期汉学家（如高本汉等）把汉语称作词根语，与屈折语和黏着语相对应，可以从这里找到渊源。

morpheme 概念的第二阶段是从美国结构主义开始的。美国语言学与欧洲语言学在起源上完全不同：欧洲语言学面对的是欧洲人熟悉的语言（不管是每天他们都在使用的现代语言，还是有清晰书面记录的古代语言，如梵文、古拉丁语、古希腊语等），在这些语言里词和句子的概念与界限是明确的，研究语法以词和句子为单位就足够了；而美国语言学是从抢救濒临死亡的印第安人语言开始的，在那些很少人会说、又没有书面形式的语言里，什么是词、什么是句子，在调查开始时都是不明晰而有待于确认的。因此美国语言学没法走词句清晰的欧洲语言学老路，只能发展出被后人称为描写主义的新理论，采用发现程序和分布理论两大方法。先根据发现程序，从音位开始找，再到音节，找出最小的音义结合的成分，称之为 morpheme，然后从 morpheme 往上一步步找出词、短语、句子来，最后根据分布理论构筑起整个语言体系。美国描写主义语言学的整个语法描写基础建立在 morpheme 的发现和确定之上，因而morpheme 突然取得了至高无上的地位，成了整个语言研究的基础。至于为什么是 morpheme 而不是词，这很容易理解，因为最初发现的这个音义结合单位，到底是词还是非词，谁也不能确定，那就姑且叫 morpheme 吧。到最后如果确定是一个词，那就是个单素词，如果确定不是词，那就是多素词的一部分。同样，欧洲语言学明确区分的 roots 和 morpheme 到这里也不甚强调了，原因同样是根据发现程序，无法确定这个音义结合体是实义型的还是语法标记型的。这样，到了这个阶段，morpheme 实际上取得了马丁内的 moneme 的地位，也就是说，它不再仅仅指词里面的语法成素，而且兼指其中的语义成素，这个"音义结合最小单位"的"义"兼包了词汇意义和语法意义。中国语法学家正是在这个意义上引进 morpheme 这个概念的，经过吕叔湘（1979）的《汉语语法分析问题》的推介，一下子进入了汉语语法研究的主流。不过他们看中的不是 morpheme 的整体含义，特别是其中语法素的含义，而只是其中包含的 roots 的含义。而由于 roots 在高本汉时代（研究对象主要是文言）与汉字是大体对应的，因而语素也就自然而然地类比于字。然而据我们看，这个概念仍然无法与汉语的字相对应。原因在于：

第一，欧洲传统的 morpheme 只是形态成分，不含实义成分，固然不能用于汉语，美国语言学的 morpheme 虽然扩大到了包括实义成分，但形态仍然是个重要甚至主要的考虑因素，因而在使用这个词的时候，西方学者与中国鼓吹以语素代字的学者心理上的感受完全不一样。

第二，欧洲传统把 moneme 分成 lexeme 与 morpheme，如果我们把三者译成"语素＝义素＋形态素"，就会发现，我们想要的是语素，结果找到的却是汉语中并不存在的形态素。而美国语言学仿照音位理论，在 morpheme 下设置了两个次概念，morph 和 allomorph（乔姆斯基的老师哈里斯则分别称之为 morphemic segment 和 morpheme alternant），结果形成了另一组术语，如果仿照音位学术语翻译，应该是"语位＝语素＋语位变体"，我们真正想要的应该是语位，而我们却错要了语素。因而用语素这个名称，不管在欧洲传统意义上，还是美国传统意义上，都有点文不对题。徐通锵先生说"汉语无语素"，指的就是这种印欧语意义上的语素。我们使用语素这个名称，自以为跟现代语言学接上了轨，却不知道接的是哪条轨。

第三，也许有人会说，那只要把我们的语素理解为西方语言学的语位，不就行了？问题在于，在美国亦即当代西方语言学理论里，语位是相对于语素和语位变体而言的。如果我们要了语位，要不要引进相应的语素和语位变体的概念呢？又拿什么去跟它对应呢？除非把规范字作为语位的代表，把繁体字和异体字当作各种语位变体。但那样一来，不是又要把讨厌的文字学引入语言学了吗？

第四，在西方语言学里，语音的实体单位是音节，音位是分析的结果。同样，语言的实体单位是词，语位或语素是分析的结果。跟我们想象中的语素就是字那样的实体不同，西方的语素往往是个抽象的东西。例如在"This is a book."这个简单的句子里，is 这个词里包含了三个语位：（1）动词 be；（2）一般现在时；（3）第三人称单数（如果把最后一个再分解为第三人称和单数，那就有四个语位）。而 book 这个词里有两个语位：（1）名词 book；（2）单数。

汉语的语素有这么复杂的情况吗？如果没有，那么，借用这个名称，是把复杂问题简单化，还是把简单问题复杂化？如果是后者，难道这是引进西方先进理论的本意吗？张志公（1998：94）晚年曾指出，对于字的性质恐怕还确实需要下一番功夫来研究研究。这是个地道的中国货，把它翻成 morpheme，再把 morpheme 翻成语素，用以指字，恐怕有点名同实异，还需要再考虑考虑。

"名同实异"在哪里？张志公先生没有说。从上面的论述应该可以看清楚了。从字到 morpheme，从 morpheme 到语素，再从语素到字，这个三"步"曲里每一步都有点似是而非，名同而实异。这种曲里拐弯的研究除了把人们的脑袋搞晕实在没有什么意义。

还有一个事实指出来恐怕不是无益的。在西方语言学中，语素的地位变得如此崇高，也就是美国描写主义语言学引领潮流的时期，从 20 世纪 20 年代到 50 年代，前后不过 30 年光景，那是在人们热衷于研究不为人所知的印第安语等语言的时候。等到二战后美国独霸，英语成为准国际通用语，人们的兴趣重新回到英语时，语法研究的本位就又回归到了句子。乔姆斯基的生成语言学就是典型的句本位，韩礼德的功能语言学更可以说是语篇本位或小句本位。我们是在饥不择食的特定历史条件下，匆匆引进当时在西方就已过时的美国结构主义理论的，语素的概念也是从那个时候开始被接受的。几十年来，尽管人们知道结构主义在西方早已不是主流，但仍然不舍得放弃语素等概念，对"字"这样的"旧"术语畏之如虎。我认为，这是出于一种合理的心态：一方面，反思百年来汉语语法研究，希望回归汉语传统；另一方面，又想要保持与国外语言理论的接轨。这在吕叔湘（1979）下面这段话里表现得最清楚："讲汉语的语法，由于历史的原因，语素和短语的重要性不亚于词，小句的重要性不亚于句子。"我相信，吕叔湘先生不是平白无故地讲"历史的原因"，在说这句话的时候，他嘴上说的是语素、短语、小句，心里想到的可能分别是传统的字、辞和读，只不过他还是用现代语言学术语做包装。作为现代汉语语法学的开创者和领军人物之一，吕叔湘先生当然不可能一下子回归，使用传统的"旧"术语，还需要深入研究和思考。而如果明白他的深意继续前行，我想我们就会走上字本位研究者目前在走的道路。从某种意义上说，字本位研究者（如徐通锵先生）建立的新理论只不过是在吕叔湘这段话的基础上往前走了一小步，当然也是很重要的一步。值得我们思考的是，使用外文术语来规范汉语，如用 morpheme、word、phrase、clause、sentence 等来对应汉语的语素、词、短语、小句、句子等，总会有这样那样的问题，甚至扞格之处，而用汉语的传统术语，如字、辞、读、句等虽说在讲汉语时有不少方便之处，但如何与国外的理论对接呢？这恐怕是需要我们进一步思考并解决的。

4. morpheme 在汉语研究中的真正价值

通过上面的分析，我们可以看清楚，西方语言中，与汉语的字对应的是
word，不是 morpheme。为了反对人们对字和 morpheme 概念的混淆，徐通锵
先生曾经激烈地说："汉语无语素！"而程雨民先生也曾鲜明地主张汉语无
词，汉语是从语素开始造句的。有人以此作为字本位论者的内部矛盾，以此否
定字本位。其实，字本位作为一种并非事先组织的考虑周密的理论体系，几乎
不约而同地由不同领域、不同背景的学者同时提出，说法不尽相同，是完全可
以理解的。但他们在坚信应该以字作为汉语研究的重要出发点上是完全一致
的，字就是这些学者研究的共性。这甚至跟吕叔湘先生以来的主流语言学对语
素的重视在精神上也是一致的。而主流语言学对语素的重视，也促使我们更重
视 morpheme 概念，并认真探讨它在汉语研究中可能有的作用。

在梳理西方语言学里 morpheme 概念的过程中，我们发现它有几个基本
特点：

（1）它本身不独立，是 word 进一步分析的结果，是比 word 低一级的单
位（在特定条件下它可以独立应用，但此时它已取得了 word 的地位）；

（2）它是形式和意义相结合的、在语言中不能再分析的最小单位（如果
再往下分析就成了单纯的形体或音位）；

（3）对 morpheme 的系统研究，也就是对语言基本单位 word 的下位分析，
可以形成一个独立的研究领域，即 morphology，这是一个与 syntax 互相补充、
有着同样重要性的语言组织研究即语法研究的重要领域。

我们已经知道，与汉语里的字对应的不是 morpheme 而是 word，那么，
morpheme 的概念对汉语研究有什么启示呢？汉语中是否可能有它自己的
morpheme，可与西方语言相对接呢？我们的办法是用"字"代入上面三条特
点中的"word"，看看能不能找到什么。结果发现了字的构件这个单位，它
是部件、偏旁、部首等概念的共同体，是《说文解字》这部书的基础：

（1）构件本身不独立，是对字进一步分析（《说文解字》的"解"）

的结果，但构件在不少情况下可以单独使用，这个时候，构件就成了字（更准确地说，是《说文解字》的"文"）。

（2）构件是形式和意义相结合的最小单位，再往下就成了笔画这种单纯的形体，没有了语言学的意义。

（3）对构件的研究完全可以成为一门独立的学问，事实上，对偏旁、部首、形符、声符的研究在中国早已成了传统，是传统文字学的重要内容。只是在"morpheme＝字"的氛围下，没有人把它与 morphology 放在一起去想。

这样一比较，使我们发现了 morpheme 对汉语研究的真正意义所在：

第一，使我们更坚信了字本位的意义，以字为枢纽，完全可以建立起跟西方一样的包含 syntax 与 morphology 的完整语法体系。

第二，使我们进一步明确了《说文解字》这部书的语言学意义。林语堂曾说，"说文等于文法"，"旧式文法一部分专讲形的演变，名曰'形态学'（morphology），则与字形之义尤近"（林语堂 1969：271）。以前我们可能觉得匪夷所思，现在看来他的目光十分敏锐。新的 morphology 的建立有利于古今汉语研究传统的对接。

第三，使我们对文字学有了新的认识。20 世纪以来我们在西方语言理论的影响下，把传统的文字学踢出了语言研究的殿堂，从而割裂了汉语研究的传统，自毁长城。现在看来，这也是在中西对接上出了问题。西方的 graphics 并不等于中国传统的文字学。西方的 graphics 只研究纯粹的字形，确实与语言研究无关；而中国以《说文解字》为代表的文字学相当于西方的 morphology，是真正的语言研究。现代那些关心笔画、笔顺，以及"上下形、左右形"等汉字形体的研究与西方的 graphics 是对应的，但与传统文字学没有关系，应该成为另外一个研究对象，放在语言学之外。

根据以上思考，我们提出建立汉语的 morphology，并取名为形位学。我们在《字本位与汉语研究》一书中对此作了初步论述。我相信，这一领域的研究前景将无比宽广。它将是古今中西语言理论的交汇和碰撞点，对西方语言理论的中国化和中国传统语言理论的国际化有着重要的意义。

参考文献

- 林语堂 . 英文学习法 [M]// 林语堂选集 : 读书 · 语文 . 台北 : 读书出版社，1969.

- 刘勰 . 文心雕龙 . 周振甫 . 文心雕龙今译 [M]. 北京 : 中华书局 . 1986.

- 吕叔湘 . 汉语语法分析问题 [M]. 北京 : 商务印书馆，1979.

- 潘文国 . 字本位和词本位——汉英语法基本结构单位的对比 [C]// 耿龙明，何寅 . 中国文化与世界 : 第四辑 . 上海 : 上海外语教育出版社，1996 : 357-373.

- 潘文国 . 字本位与汉语研究 [M]. 上海 : 华东师范大学出版社，2002.

- 孙中山 . 建国方略 · 以作文为证（节录）[M]// 张万起 . 马氏文通研究资料 . 北京 : 中华书局，1987.

- 王力 . 词和仂语的界限问题 [M]// 王力 . 王力文集 : 第十六卷 . 济南 : 山东教育出版社，1990 : 236-253.

- 张志公 . 汉语辞章学引论 [M]// 王本华 . 张志公论文 · 集外集 . 北京 : 语文出版社，1998 : 94.

- ARONOFF M. Word formation in generative grammar [M]. Cambridge: MIT Press, 1976.

第三部分

文章学翻译学

导　言

　　我从 20 世纪 90 年代初开始涉足典籍英译，2004 年在《中国翻译》发表《译入与译出：谈中国译者从事汉籍英译的意义》之后，逐渐把注意力转到建立中国特色的翻译理论上，近年来，这更成为我关注的焦点。其结果便是推出了为中译外，尤其是中文典籍英译量身定制的理论：文章学翻译学（也可简称文章翻译学）。这一部分选了五篇文章，从不同角度反映了我对这一理论的思考及对其主要内容的介绍。

　　第一篇《寻找自己家里的"竹夫人"——论中西语言学接轨的另一条路径兼谈文章学》，借用王力先生用的"竹夫人"之喻，指出我们在中西对接的研究上，一向是"由西往中"，看看西方有什么而中国缺什么。其实，还应该试试走另一条路，就是"从中往西"，看看有没有中国有而西方缺（例如"竹夫人"）的东西，这种双向的交流才是真正的交流。不要眼里只有别人，对自己的东西却弃若敝屣，"把竹夫人误认为字纸篓"。文章学就是这么一个"竹夫人"。它与西方的篇章学、写作学、语法学等都有相似之处，但又不等于其中任何一种，是一种"很中国"，却被百年来的语言研究所忽略的东西。

第二篇《从"文章正轨"看中西译论的不同传统》，发表时间比上一篇还要早，我是在英汉语篇特点的对比过程中重新发现了中国文章学。我还首次提出并解释了中国文章学包含的六个部分：句读之学，章句之学，语助之学，文体之学，文式之学，文法之学。这不仅在外语界是第一次，在汉语学界也是第一次。

第三篇《中国译论与中国话语》，从学理上为"中国特色翻译学"正名。本质上，这不是一个理论问题，而是一个实践问题。中外互译与印欧语互译在实践上的不同，决定了中国特色翻译学是必然的选择。理论问题说到底就是话语权问题，建设中国特色翻译学的过程就是争夺中国翻译理论话语权的过程。中国译论失语的原因是过去百年来的过度西化造成的。建设中国特色翻译学的途径之一就是从中国传统中寻找学术资源。中国翻译史上从"文质之争"到"信、达、雅"的提出，证明了中国译学传统是一个不同于西方的文章学传统。

第四篇《文章学翻译学刍议》，从历史、现实和未来出发，对建设中国特色翻译学的必要性和可能性进行了论述，正式提出了作者关于建设文章学翻译学的主张，并将其归结为道器合一、体用并重的两句话——译事三难：信、达、雅；译文三合：义、体、气。前者为文章学翻译学之"道"，后者为文章学翻译学之"器"。论文还从文章学角度对"信、达、雅"做出了不同于百年来习惯认知的新解释，并追溯了这句话的文章学来源，我将其概括为"刘熙载的路子，刘知几的句子"两句话。

第五篇《译文三合：义、体、气——文章学视角下的翻译研究》是上一篇讨论的继续。上一篇主要论文章学之"道"，本篇则论文章学翻译学之"器"，即更具体、更有针对性的翻译理论。文章学翻译学主要应用于中译外，特别是典籍英译，因此可以具体化为"译文三合：义、体、气"。"合"是"契合、匹配"，无关乎"直译、意译"，也不是"等值、等效"。"义合"指译文和原文在意义上的契合，包括"字辞义""组织义""系统义"；"体合"指译文和原文在文体和形式上的契合，包括组成文体的"韵、对、言、声"四个要素；"气合"指译文和原文在气势和文章内脉上的契合，包括"神、气、脉、味"四个要素。

六　寻找自己家里的"竹夫人"[19]
——论中西语言学接轨的另一条路径兼谈文章学

中西语言学如何接轨？从理论上说有两条路径：一是由西往东，从西方的语言研究出发，看看中国可以从中找到什么启示；二是由东往西，从中国的语言研究出发，看看西方可以从中得到什么启示。然后东西双方才能达到"会通"，共同开辟世界语言研究的新方向。可惜100多年来，绝大多数人所走的几乎都是第一条路：由西往东，或所谓的"西学东渐"。我们总是从西方的理论体系出发，看看西方有的东西我们这里有没有，西方人建立的理论，在我们这里能不能得到证明。很少有人尝试走第二条路，即由东往西，尝试做反方向的研究，看看中国有的东西西方有没有，或者中国人建立的理论、体系、学说，在西方能不能得到证明。

这样的单向研究路径隐含了一个前提，造成了两个后果，产生了三个方面的影响。

单向的由西往东实际上就是"全盘西化"论的产物，其隐含的前提是：西方的东西一切皆好，一切皆"先进"，是我们学习的榜样；而中国原有的东西一切皆陈旧，一切皆"落后"，有待于用西方的科学方法去"整理"。这一前提使许多中国人在心理上把自己放在从属地位，且安之若素，尽管嘴上会说"赶超"之类的话，但实际上永远停留在"不断引进"的低层次阶段。

19　原载《杭州师范大学学报》2012 年第 3 期，93—99 页。

这一研究路径造成了两个后果。第一个后果是，中国传统的学术体系被彻底摧毁。中国几千年来构建的从"七略"到"四部"的学科体系，与西方自17世纪以来所形成的新的学科体系，本是建立在不同基础上的，一重综合，一重分析，各有其合理成分与不足。但在"整理国故"的旗帜下面，"四部"体系不战自降，被打得七零八落，只有经过西方学科体系"筛"过之后，才能决定去留。而所谓"留"，实际上已经经过西式改造，纳入了西方的学科体系，不复留存传统学科的本貌；所谓"去"，不是扫地出门就是彻底被边缘化。这是20世纪以来整个中国传统学术体系所遭受的命运，中国语言学自然也不例外，也许更甚。中国以训诂学为中心、文字学和音韵学为两翼的语言研究传统，经过西方语言学筛选之后，面貌发生了根本变化，表现有四：首先，文字学被踢出了语言研究的殿堂。因为在西方的体系里，文字只是语言（音）的符号，是"符号的符号"，不属于语言研究的对象，中国自然也应该这样。于是，中国一大批文字学研究者从此就成了语言学的"边缘人"，要靠"语言学"的恩惠才能偶尔参与"语言学"的项目，而且总是有"名不正，言不顺"的感觉。其次，音韵学被改造成了汉语历史语音学，从音类研究转为音值描写，从为训诂服务的所谓"经学附庸"变为以构拟汉语语音发展史为宗旨的"独立"学科。然而"婢子"尽管成了"夫人"，却未能得到"夫人"应有的尊宠。要问现在学术界有什么学科最不为人关注，音韵学肯定榜上有名。该学科的研究目的之一是构拟无法验证的中古、上古，甚至太古时代的汉语读音，这样的研究如同"画鬼"比赛，谁也无法证明自己画的"鬼"比别人画的"鬼"更像"鬼"。最终，这类研究将离当前的语言研究和语言生活越来越远。"历史语音学"强调自身的独立性，因而它不屑成为其他学科的"附庸"。当年那些有赖于音韵学的训诂学、方言学、中国古典文学、现代戏曲学等，也就只能离它而去。真不知"独立学科"地位给音韵学带来的是喜还是悲？再次，训诂学完全解体。由于在西方的学科体系里没有中国那样的训诂学，传统训诂学的研究内容只能按照西方的学科分类加以肢解，分别归入词汇学、语义学、修辞学、文体学、方言学、文献学以及语法学。在现代语言学学科体系里，训诂学已经没有地位可言。最后，原先在传统语言研究里毫不起眼的语法研究一跃成为语言研究的绝对中心，这是因为西方两千年来的语言研究始终以语法为中心，中国的语言研究要"现代化"，也只能走此路。

由西往东路径造成的第二个后果是，中国的人文学术研究（包括语言研究）被绑到了西方学术研究的战车上，沦为西方学术的附庸，难以自拔。由于当今各门学科的理论、概念、体系、术语，乃至研究对象和问题大都来自西方，因而我们只能身不由己地被别人裹挟着往前走，甚至连走得对不对也只能依靠别人的标准来判断。吕叔湘先生曾经说过，几十年来的中国语言学总在西方人后面"跟着转"。其实岂止中国语言学，哪门学科不是如此？中国语言学也许只是更典型一些而已。这就造成 100 多年来中国语言学的所谓"现代化"，实际上只是"西方化"，这些年来更呈现为"美国化"。有人不屑于"中国特色语言学"这个提法，不知他们是否想过，他们实际所从事的只不过是"美国特色的中国语言学"。几十年来的事实表明，我们所研究的那些理论、概念、问题、争论，几乎全来自美国，中国语言学的"繁荣"和"转向"，几乎完全随着美国语言学潮起潮落，而不仅仅是"跟着转"。如果"中国特色语言学"是要不得的，那么"美国特色的中国语言学"真的是我们的目标和方向吗？

这样的一个前提、两个后果给当今学术生态，特别是语文研究与应用，带来了三个方面的影响。其一，民族虚无主义根深蒂固，中国人，尤其是中国知识分子已经找不到回家的路。他们对传统茫然无知，传统留给他们的印象除了落后，就是愚昧，一些年轻人甚至一听到中国传统的东西，例如中医、繁体字、文言文，就头疼、反感甚至厌恶。在当今中国经济腾飞，国力日增，全世界把眼光投向中国，"中华民族伟大复兴"的口号深入人心的时候，在国际上产生"汉语热"、中国文化热，我们面临着向世界传播中国文化的时候，与之形成鲜明反差的是，很多中国人已经不知道中国文化是什么，也不知道中国语文到底是怎么一回事。其二，中国语文教育面临前所未有的危机。中小学语文教学质量每况愈下，同时，对外汉语教学费时费力，面临着"汉字难、汉文难"的瓶颈，外国人"喜爱而来，畏之而去"（在许多国外大学的汉语课上，第一年学生数量很大，第二年锐降一半，最后毕业的只有入学时的一二成），我们都束手无策。其三，正因为找不到回家的路，也找不到解决实际教学问题的办法，因而每当我们提出要发展中国语言学的时候，就只能一次比一次更加义无反顾地拼命追随国外的语言学，不断引进、快速引进、不分青红皂白地引进，好像舍此没有他法。而在引进过程中，面对潮水般涌入的西方理论，我们完全丧失了辨别能力。30 年来我们引进的西方语言理论比以往任何时候都多，但我们对西方语言学的识别能力和批判能力却不如以前。由于无法辨别，结果只能跟着"浪头"走，跟着"主流"走，谁发出的声响大就跟着谁走，而这样做无法解决实际问题。

在这样的情况下，我们不得不质疑我们所走过的道路，质疑我们这种一厢情愿的单向式研究道路是否是发展中国语言学的唯一道路。我们无意否定"由西向东"是中西语言学接轨的一种方式，也承认在这样的接轨过程中，我们在一些具体领域、具体方面曾取得了一些成绩。但这是中西语言学接轨的唯一方式吗？中国语言学的发展，只能永远绑在西方语言学的战车上吗？中国语言学的独立性在哪里？中国语言学对世界语言研究的贡献又如何体现？

这使我们想起了王力先生说过的一段话：

> 不过，我们对于某一族语的文法的研究，不难在把另一族语相比较以证明其相同之点，而难在就本族语里寻求其与世界诸族语相异之点。看见别人家里有某一件东西，回来看看自己家里有没有，本来是可以的，只该留神一点，不要把竹夫人误认为字纸篓。但是，我们尤其应该注意：别人家里没有的东西，我们家里不见得就没有。如果因为西洋没有竹夫人，就忽略了我们家里竹夫人的存在，就不对了。（王力 1985a：92）

原来王力先生早就发现了把"由西向东"作为唯一模式将会造成的后果：第一，"把竹夫人误认为字纸篓"，也就是在套用西方理论，将之应用于汉语时犯了"削足适履"的毛病；第二，"忽略了我们家里竹夫人的存在"，这是"我们尤其应该注意"的。在《中国现代语法》一书中，王力先生还说过：

> 本书的目的在于表彰中国语法的特征，汉语和西洋语言相同之点固不

强求其异，相异之点更不强求其同，甚至违反西洋语法书中的学说也在所不计。（王力 1985b：3）

很多人没有意识到，这句话里不仅隐含了王力先生不顾异议，坚持走"由东向西"之道，即旨在使中西语言学接轨的另一条路子，更显示了王力先生在这一问题上的坚决态度。"甚至违反西洋语法书中的学说也在所不计"，透露了王力先生坚持这条道路的决心。这对于我们来说，也是一种有力的鞭策。

王力先生之后，继承他的传统，认真寻找中国语言学"竹夫人"的学者，有郭锡良先生、徐通锵先生等。郭锡良先生坚决否定数十年来几成定论的"汉藏语系说"（郭锡良 2008），正是坚持了所谓"甚至违反西方语言学也在所不计"的态度，可说是对数十年来"西方特色的汉语语言学"研究的釜底抽薪。徐通锵先生提出"字本位"理论，并从"字"出发，建立了全新格局的普通语言学（徐通锵 1994，2001，2007），更是端出了"自己家里的竹夫人"，使人肃然起敬。从王力到郭锡良、徐通锵，三位北京大学语言学前辈一脉相承，可以说形成了一种"北大精神"，也许可以叫"寻找竹夫人"的精神——在学术研究中真正以平等的态度对待中国和西方，不卑不亢，尊洋而不崇洋，同时致力于寻找、发掘自身的学术资源和学术传统。总结百余年来汉语研究的得失，我觉得在当今特别需要发扬这种精神，这才能体现中国语言学真正的发展方向。在这一前提下，我想就"文章学"研究展开讨论。

否定了"汉藏语系"说，提出了"字本位"，下一步可以做什么？不妨开展"文章学"的研究。

也许有人会问：文章学有什么特殊的？西方不也有"写作学""文体学""修辞学"，现在又有"篇章语言学"吗？在西方的写作学、文体学等学科里都有文章学的内容。但是，第一，"文章学"不等于"写作学"或者"文体学""修辞学""篇章语言学"。如果文章学可以与这些学科中的一种画上等号，那确实没有必要专门提出来；但如果文章学包含了所有这些学科却又不等于其中任何一种，那就说明文章学确实是中国之"所独"，值得作认真的研究。第二，迄今为止，在英文或任何一种西方语言里，还没有"文章学"的贴切译法。概念的对译，其实正是检验"由西向东"和"由东向西"两种研究路径的"试金石"。走"由西向东"的路子，一切都是西方现成的，把英文的学科术语翻译成中文，把与之似乎相关的内容往里塞，中国也就"有了"这一学科。而在中国使用的一个学科或术语，如果无法在英文中找到对应词，就往往成了无法"科学化"或"现代化"，而只能扔在一边的东西。"经部""小学""子部""集部"等名称都无法翻译成外语，这就是传统"四部"体系被打散的原因。"道""气""阴阳""太极"等术语无法译成贴切的外语，这也成了它们不"科学"的理由。其实越是难以翻译的东西越可能有其独特性，更有可能是咱们家里的"竹夫人"。"文章学"在西方找不到对应词，正好证明这可能是中国之"所独"。第三，再进一步，中国文章学的第一部名著是刘勰的《文心雕龙》，但是在西方，有这样打通语言和文学、既是文论名著又是语言学名著的学术著作吗？中国的文章学不仅包含了西方的文体学、写作学、篇章学、语法学等，还包含了西方的文学理论，因而需要认真地研究，其蕴含的"竹夫人"的独特价值是毋庸置疑的。

第四，即使把上面这些学科全部归入其内，我们还是不能穷尽文章学的内容。传统文章学中有一些核心的东西是西方完全不具备的。把这些东西发掘出来，走"由东往西"的路子，也许可以充实西方各学科（包括语言学）的学术研究，真正使中国在学术上，包括语言研究上，对世界做出较大的贡献。

中国的文章学起源很早，"篇"作为文章组织单位的名称始于东汉，见于王充的《论衡·正说篇》。"文章之学"的名称则出现于北宋，在朱熹、吕祖谦编的《近思录》第二卷中记载了北宋学者程颐（伊川）的话："伊川曰：古之学者一，今之学者三，异端不存焉。一曰文章之学，二曰训诂之学，三曰儒者之学。"训诂之学就是后来所谓的"小学"，儒者之学是古代的"大学"，而名列三学之首的"文章之学"包含的范围最广，把两者以外的学问全部包括在内了，如文体、风格、篇章，以及文学的内容与形式、文学批评等。1910年章太炎（2006）刊布《国故论衡》，分国学为三个部分："小学""文学""诸子学"。这种划分方式除了把儒者之学扩展为诸子之学外，大体与程颐的三分法相当，其所谓"文学"就是文章学，而不是今天从西方引进的以小说、戏剧、诗歌、散文四分结构为核心的"文学"概念。我曾把文章之学的内容归纳为六个方面：句读之学、章句之学（又可分为章句、科判、义疏）、语助之学、文体之学（包括体裁和风格）、文式之学、文法之学（作文之法，比现在所谓"语法"的内容要丰富得多）（潘文国 2007：4-5）。有些可与西方的相关学科相对应，有些在西方是找不到的。而文章学作为一个整体性的概念，在西方从未存在过。作为传统国学的一个独立的部分，文章学的某些观念，典型地体现了中国文化和中国语文的特色，这都是进行中西比较时值得高度重视的。限于篇幅，这里仅提出四个方面的初步理据。

第一，"文章"的崇高地位。

《左传·襄公二十四年》最早把立言与立德、立功并提，作为"三不朽"之一："太上有立德，其次有立功，其次有立言，虽久不废，此之谓不朽。"后来曹丕（转引自刘勰 1986）在《典论·论文》中说："盖文章，经国之大业，不朽之盛事。"刘勰（1986）在《文心雕龙·原道》中也说："文之为德也大矣，与天地并生者，何哉？"他们都把文章提到了极高的地位。我们千万不要以为他们只是说说而已，这确是古人对文章实实在在的看法。从文章如此崇高的地位出发，才有了《周易·文言》的"修辞立其诚"的要求。可以说，德在文先，为文以诚是古代文章学的第一个核心思想。古人把"道德""文章"并提，并不是偶然的。这在西方的各种语言学、文学理论里面是找不到的。这决定了中国人对文章的特殊态度。

第二，"文章"的超"文学"性。

刘勰（1986）在《文心雕龙·情采》中说："圣贤书辞，总称文章，非采而何？"这句话里有两点值得注意：一是文章包含的范围极广，只要写下来的都叫作文章；二是文章天然地要求讲究文采，不讲究文采的就不能叫作文章。后来章太炎给文学下定义，用的就是刘勰的观点：

> 文学者，以有文字著于竹帛，故谓之文。论其法式，谓之文学。凡文理、文字、文辞，皆称文。言其采色发扬谓之彣，以作乐有阕，施之笔札

谓之章。（2006：38）

这个定义与后来"五四"学者们的定义显然不同，例如刘半农区分应用文与文学文的观点：

> 应用文与文学文，性质全然不同，有两个譬喻：（1）应用文是青菜黄米的家常便饭，文学文却是个肥鱼大肉；（2）应用文是"无事三十里"的随便走路，文学文乃是运动会场上大出风头的一英里赛跑。（刘半农 2003：95）

又如胡适认为无论什么"文"，只要写得美便是文学，否则便不是。他说：

> 语言文字都是人类达意表情的工具；达意达的好，表情表的妙，便是文学。……无论什么文（纯文与杂文，韵文与非韵文）都可分作"文学的"与"非文学的"两项。（胡适 2003：214，216）

而美不美的标准，其实是各人心里掌握的。甲认为美的，乙却不一定认为美，这实际上就等于没有标准。

我们需要注意，对"文学"下定义，是在西方的文学概念引进以后的事。西方把文学分成小说、戏剧、诗歌、散文四大类，中国人引进之后，全面运用到对文学史的解释，但在散文的界定上出现了分歧。因为按西方的概念，散文有文学与非文学之分，纯散文或美文（belles lettres）是文学，应用文（包括说理文、说明文乃至一部分叙述文）不是文学。而中国古代"集"部里面所收的文章绝大部分是应用文，这些文章算不算文学？这就出现了上面的三种分歧意见。从传统文章学角度看，所有文章都是文学，所有文章都应该是美文，都应该以美文的要求去鉴别它；而从西式文学观念看，应用文无须认真，随随便便就可以了。

第三，"文章"的超"语法"性。

刘勰在《文心雕龙·章句》里有一段话说：

夫人之立言，因字而生句，积句而成章，积章而成篇。篇之彪炳，章无疵也；章之明靡，句无玷也；句之清英，字不妄也。（刘勰 1986）

许多人说中国古代没有语法，其实这段话里就体现了古代非常完整的语法学思想，在某些方面，它甚至胜过今人。这段话有三个方面值得注意。其一，20 世纪以来，我们的语法研究基本上是跟着西方走的。西方的语法研究经过了三个阶段：19 世纪末以前，语法研究的中心在词；20 世纪初到现在，语法研究的中心转到句，在当今西方所谓的主流语言学——生成语言学里，语法研究的上限还是句；20 世纪 80 年代以后，西方人提出篇章语言学。受西方影响，在将近 100 年的汉语语法研究中，其重点也一直是词、句，直到 21 世纪初，才有人（如屈承熹 2006）关注篇章。然而早在约 1 500 年前，刘勰的语言单位就已经到了篇。其二，许多人引这段话，都只引前一句，不引后一句。但这两句话是一个整体。我曾分别把它们叫作汉语章句学的"生成论"和"调控论"（潘文国 2002：203），认为它强调从字到篇、从篇到字是个辩证运动的过程。这种理论与单纯强调分析的西方传统语法和结构主义语法，以及单纯强调生成的生成语法都表现出了不同的面貌，是中国语言学对世界语言学的贡献（潘文国 2002：216）。其三，这里说的"章句"其实等于唐代以后说的"句读"，刘勰的"句"等于后人的"读"，是个韵律单位，因而"生成 + 调控"也体现了汉语组织的"音义互动律"（潘文国 2002：183–185）。

第四，"文章"的灵魂。

曹丕在《典论·论文》里第一次提到"文以气为主"（转引自刘勰 1986）。从那以后，"气"成了历代中国人写文章追求的最高标准。因为西方语言理论和文学理论里都没有这个东西，于是这个"气"就同中医的阴阳五行和经络学说一样，被 20 世纪以来的西式文论家们斥为"玄虚"和"荒诞不经"之说，被排除到文学理论之外。其实"气"是中国艺术的灵魂，是最重要的"竹夫人"，它不仅属于文学，也属于书法、绘画、音乐、建筑等许多艺术领域。南朝谢赫的"六法"理论把"气韵生动"列为第一条，没有"气韵"，就没有中国绘画，同样，没有"气"，就没有中国的文章。许多人认为"气"

说不清楚，不"科学"。其实从语言学角度看，"气"是可以说清楚的，而且古人早就已经说清楚了。其中说得最清楚的，是清初的刘大櫆。他说：

> 神气者，文之最精处也；音节者，文之稍粗处也；字句者，文之最粗者也；然余谓论文而至于字句，则文之能事尽矣。盖音节者，神气之迹也；字句者，音节之矩也。神气不可见，于音节见之；音节无可准，以字句准之。音节高则神气必高，音节下则神气必下，故音节为神气之迹。一句之中，或多一字，或少一字；一字之中，或用平声，或用仄声；同一平字仄字，或用阴平、阳平、上声、去声、入声，则音节迥异，故字句为音节之矩。积字成句，积句成章，积章成篇，合而读之，音节见矣；歌而咏之，神气出矣。（刘大櫆　2007：4109-4110）

在西方理论的影响下我们丢掉了"气"这个文章的灵魂，造成了20世纪以来中国人文章质量的下降。我们写不出好文章，却不知道是什么原因。

这四个方面，可以说是在中国文章学中最富有特色、在西方各种理论里找不到的东西，是咱们家里珍贵的"竹夫人"。从咱们的"竹夫人"出发，反过来到西方去寻找，也许可以发现很多以前没有注意过的东西。比方说，我们以为西方没有的，是不是真的没有？或者说，它在西方会不会以一种我们所不知道的方式存在着或存在过？这样做，东西方互相推动，一定可以互相受益，共同促进学术的发展。

有人会问，文章学涉及那么多别的学科的内容，还算是语言学研究的对象吗？这里涉及两个问题：一是学科的分类，二是研究的方法。

学科分类应该是跟着人们的需要走的，是一个动态、发展的过程，没有什么天经地义、历千古而不变的标准。但很多人并不这么想，特别是20世纪引进西方格局的学科分类体系以后，人们以为这就是现在最科学的分类，任何突破都是离经叛道。其实，我们现在拥有的"语言学"的概念，不过是索绪尔以来才有的，迄今才一百多年，在此之前和在此之后，"语言学"的范围不知有过多少变化。19世纪末以前，"句"是语言研究的对象吗？20世纪末以前，"篇章"和"话语"是语言研究的对象吗？从某种角度讲，文章学在中国的"没落"本来就是西方学科分类体系东渐导致的。正是根据西方对文学与语言学的严格分野，在 20 世纪初"整理国故"之后，文章学就成了个"两不管"，甚至"三不管""四不管"的领域：语言学不管它，因为它不注重句以下的形式分析；文学不管它，因为文章结构与修辞应该是语言学的事情；修辞学不管它，因为当时刚刚引进西方的修辞学，人们正热衷于谈论"修辞格"之类又新鲜又好玩的东西；写作学不管它，因为写作学关心的是"怎么做白话文"，文章"义法"之类早成了该打倒的"老古董"。今天，如果我们仍旧用老的学科分类标准去衡量，我们只能回到出发的地方。要实现突破，只有采用新的思路。首先，要突破那些陈旧的定义，诸如语言学只是研究"就语言和为语言而研究的语言"之类（其实这个定义早已为西方人突破，用不着我们来强调），采用最朴素的认识：语言学是研究语言的学问，因而凡是跟语言有关的，都值得研究。其次，要看今天的语言研究需要什么，我们在语言研究上面临着什么样的问题。这样，我们就会发现，文章学的研究有着迫切的现实意义。张志公（1992：150）早年就指出，宋代以下，传统语文教学的头绪很简单，一点都不复杂，一共干两件事：一是花大力气对付汉字，二是花大力气对付文章。

"宋代以下"有 1000 年上下的历史。这就是说，中国已经积累了约 1000 年的语文教学经验。而 20 世纪以降，中国的中小学语文教育质量却越来越不尽如人意。对此，我们不应该认真反思吗？实际上，我们是把本来"一点都不复杂"的问题人为地复杂化了，我们花了很大的气力去教拼音，花了很多精力去教语法，就是不肯"花大力气对付汉字"，不肯"花大力气对付文章"。（除非你把归纳"中心思想、段落大意、写作特点"，然后让人死记硬背的做法也叫"文章"之学！）在对外汉语教学中也是这样，有关汉字和汉语书面语的教学已成为对外汉语教学的两大"瓶颈"，而我们津津乐道的还是编写外语式的对外汉语教材，注重"词汇量、语法点、会话"等。

关于研究方法，几十年来我们已经习惯了跟在别人后面做研究，别人搞词法我们也搞词法，别人搞句法我们也搞句法，别人搞语篇我们也想到要搞语篇，但很少想过，为什么我们一定要跟在别人后面走？在这样的反省中，文章学也许是个新的突破口，因为文章学的提出，不能说完全没有受到西方篇章语言学的影响，但两者又有本质上的不同。西方约两千年的语言研究遵循语法学传统，而中国约两千年的语言研究遵循修辞学传统。语法重在"对不对"，而修辞重在"好不好"。篇章语言学的核心是"语篇性"（textuality）的问题，也就是语篇成立的条件，这仍然是个"对不对"的问题，篇章语言学的核心概念"衔接"（cohesion）和"连贯"（coherence）就是为此设立的；而文章学的核心是"气"，是"神"，本质上属于"好不好"的问题。两者旨趣大异。如果我们指望西方人先开始研究文章的"气"和"神"，然后我们再跟进，这一天恐怕永远不会到来。

参考文献

• 郭锡良.汉藏诸语言比较研究刍议 [M]// 郭锡良，鲁国尧.中国语言学：第一辑.济南：山东教育出版社，2008：1-10.

• 胡适.什么是文学 [M]// 胡适.中国新文学大系·建设理论集.上海：上海文艺出版社.2003.

• 刘半农.应用文之教授 [M]// 胡适.中国新文学大系·建设理论集.上海：上海文艺出版社，2003.

• 刘大櫆.论文偶记 [M]// 王水照.历代文话：第四册.上海：复旦大学出版社，2007：4105-4118.

• 刘勰.文心雕龙 [M]// 周振甫.文心雕龙今译.北京：中华书局，1986.

• 潘文国.字本位与汉语研究 [M].上海：华东师范大学出版社，2002.

• 潘文国.英汉语篇对比与中国的文章之学 [J].外语教学，2007（5）：1-5.

• 屈承熹.汉语篇章语法 [M].潘文国等，译.北京：北京语言大学出版社，2006.

• 王力.中国文法学初探 [M]// 王力.王力文集：第三卷.济南：山东教育出版社，1985a：87-152.

• 王力.中国现代语法 [M].北京：商务印书馆，1985b.

• 徐通锵."字"和汉语研究的方法论——兼评汉语研究中的"印欧语的眼光"[J].世界汉语教学，1994(3)：1-14.

• 徐通锵.基础语言学教程 [M].北京：北京大学出版社，2001.

- 徐通锵 . 语言学是什么？ [M]. 北京 : 北京大学出版社，2007.

- 章太炎 . 国故论衡 [M]. 上海 : 上海世纪出版集团，2006.

- 张志公 . 传统语文教育教材论——暨蒙学书目和书影 [M]. 上海 : 上海教育
出版社，1992.

七 从"文章正轨"看中西译论的
不同传统[20]

1. "信、达、雅"首先是"文章正轨"

要比较中西传统译论，首先要了解什么是真正的中西传统译论。20 世纪初以来，一切学术研究以西方为榜样，其结果是传统学术的面貌受到了相当程度的歪曲，许多我们自以为是传统的东西其实并非真正的传统，而是经过了西方学术眼光的过滤，看起来其实就像西方理论在中国的投影。文学、哲学等均是如此，翻译学也不例外。我们习惯于从西方翻译理论的角度，利用西方译论的概念、术语去看待中国译论，因而往往得出与西方传统大同小异的结论。其中，认为中国译论史上同西方一样充塞着"直译、意译"之争就是一个显例。如果我们能改换一个角度，从中国译论自身成长发展的历史和背景去看，也许会看到另外一个面貌。这样做，必须撇开表面上的相似点，避开从中国译论中发掘西方概念对应物的做法。也就是说，我们要改变以往研究中"异中求同"的做法，尝试从"同"中去求异，看看在表面上相似的东西下有没有什么本质的不同，这样也许能使我们真正了解中国的传统，从而为我们对传统的研究、继承，以及对国外理论的借鉴、引进找到一个最好的立足点。

---

20 原载张柏然、刘华文、张思洁主编《中国译学：传承与创新》，上海：上海外语教育出版社，2008 年出版，13—23 页。

通常认为，中国译论的确立是从严复开始的。而我们更倾向于认为，严复的译论是中国译论从传统转向现代的一个转折点，其中更多地反映了传统译论的影响。也就是说，尽管严复的理论对 20 世纪以后的中国译论产生了极大的影响，他因此不愧是开辟中国现代译论的大师，但其理论本身，却毋宁说仍属于中国传统译论，他实际上也是中国传统译论的殿军。我们讨论中西译论的根本差异，从严复开始也许是最佳选择。

提到严复，人们就会想到"信、达、雅"，这是不错的。但严复关于"信、达、雅"有一句极重要的话，却是被 100 多年来的译论研究者所忽略的。这就是："三者乃文章正轨，亦即为译事楷模。"（严复 1984a：136）什么叫"文章正轨"？就是写文章的正当途径。严复是把翻译等同于写作，把写文章的正当途径挪过来作为指导翻译的榜样的。也就是说，严复是把翻译学纳入文章学的，做翻译也就是写文章，必须遵守"文章正轨"。而"信、达、雅"也正是"文章正轨"的基本内容。很多人注意到严复所说的"信、达、雅"的来源："《易》曰：'修辞立诚。'子曰：'辞达而已。'又曰：'言之无文，行之不远。'"（严复 1984a：136）但人们同样没有想到，这三条说的其实都是"文章正轨"，是文章学的标准，而不是为翻译学设立的。翻译学诚然可以把写文章的标准挪过来作为自己的标准，但一般来说，在这个过程中，其内涵是不会改变的，也就是说，即使我们谈的不是文章，而是翻译，但翻译时考虑的"信、达、雅"，仍是文章中考虑的"信、达、雅"，不可能是别的东西。

如果我们接受并承认这一个事实，我们对"信、达、雅"乃至整个中国传统译论史和中西译论比较研究的看法就会发生翻天覆地的变化，一些习以为常的认识恐怕要从根本上被颠覆。举例来说，"文章正轨"的"信"在演变为"译事楷模"的"信"以后，不可能从"修辞立诚"的要求突然变成"忠于原文"的要求。这个"忠于原文"就是凭空生出来的，其来源并不是中国传统译论，而是西方传统译论，是人们想当然地将严复的"译事三难"与西方泰特勒（Tytler 1907）的"翻译三原则"比较的结果。"（The laws of translation）will follow: I. That the translation should give a complete transcript of the ideas of the original work. II. That the style and manner or writing should be of the same character with that of the original. III. That the translation should have all the ease of original composition." 改变"信"的内涵，就是西方译论对中国传统译论改造的开始，也是中国"现代"译论的开始，因为 100 多年来的中国译论几乎无一不是从把严复的"信"不假思索地理解为"忠于原文"开始的。

颠覆了"信"，也就必然导致我们对"达"和"雅"产生新的理解。笔者曾在《严复及其翻译理论》（潘文国 2004）一文中对此做过详细阐述，在此不赘。这里我们想探讨的是，这一新的认识会对中国译论史和中西译论比较研究产生怎样的影响。

我们认为，这一影响至少表现在三个方面，下面分别论述。

2. 审视中国传统译论的新视角

第一个方面，重新审视中国译论传统。我们发现，中国传统译论与文章学有着不解之缘；甚至可以说，中国传统翻译学本身就是文章学的一个组成部分。这一传统既不同于西方语言学派的译论，也不同于文艺学派的译论，甚至也不同于当今文化学派的译论。这一传统有哪些表现？有什么特点？为什么会在中国而不是在西方产生这么一个译学传统？这些都是值得我们研究的新课题。

严复以文章学的标准看待翻译，这种方式我们今天已很难体会了，这是因为中国文章学的传统距今已远，对我们来说已经非常陌生。但如果我们能接受这一点，并循此认识去看古代的译论，我们就会发现，这并不是严复个人的发明，而是他对传统中国译论的继承。中国译学史上最著名的争论是所谓的"文质之争"，以前不少人将其与西方的"直译、意译"之争比较，现在回头一看，发现这些争辩其实是在文章学的范围内。"文质"本来是孔子提出的做人的标准，所谓"质胜文则野，文胜质则史。文质彬彬，然后君子"（《论语·雍也》），到南北朝时成了文章学的基本范畴，《文心雕龙·情采》篇就对此进行了专门的讨论。而道安、慧远等人关于翻译中"文质"的议论，其实只是这一场大讨论的组成部分而已。他们所关注的，与其说是翻译学，不如说是文章学。佛经翻译有一个著名例子：《正法华经·受诀品》中的一处文字，竺法护译成"天见人，人见天"，鸠摩罗什不满意，以为"在言过质"，僧睿改译成"人天交接，两得相见"，他才满意（见慧皎 1984：39）。这个例子很好地说明了"文质"问题与文章学有关，而与"直译、意译"无关。其他一些言论包括支谦说的"因循本旨，不加文饰"（支谦 1984：24），道安说的"斥重省删，务令婉便"（道安 1984b：25），慧观说鸠摩罗什的翻译"即文之益，亦已过半。虽复霄云披翳，阳景俱晖，未足喻也"（慧观 1984：32），僧睿所谓"烦而不简者，贵其事也；质而不丽者，重其意也"（僧睿 1984a：37），僧睿称赞鸠摩罗什的译文"法师以秦人好简，故裁而略之"（僧睿 1984b），僧肇所谓"陶练覆疏，务存论旨，使质而不野，简而必诣"（僧肇 1984：39），慧远所谓"或文过其意，或理胜其辞"（慧远 1984a：41），"圣人依方设训，文质殊体。若以文应质，则疑者众。以质应文，则悦者寡"（慧远 1984b：41），彦琮所谓"或繁或简，理容未适；时野时华，例颇不定。晋宋尚于谈说，争坏其淳；秦凉重于文才，尤从其质"等，其实都是译文本身的"文质"选择，而非翻译策略的选择。

至于当今译论最关心的译文与原文的关系，传统译论反而不怎么看重。今天的"忠实"，他们叫作"因循本旨"，不"忠实"就是"失本""失真"或"失实"，但真正的讨论却并不多。最有名的是道安的"五失本""三不易"之说（道安 1984a：25）。但从他提问题的口气来看，似乎循本不是个问题，译者对此都有共识，而"失本"往往是不得已的事，译者对此无可奈何，三不易便说明了"失本"的难免。因而，传统的译论是在默认大家都知道要"循本"的前提下，研究应该提供什么样的译文，这就进入了中国的文章学。

形成这样的传统有很多原因，大约这三个是主要的：其一是中国有久远的文章学传统，人们对于形成文字的东西有本能的尊崇之心，容不得丝毫不讲求"文采"的文章，哪怕是翻译的文字（我们注意到中国古代没有今天的"文学"概念，只有"文章"，凡写得优美的文字，不管是哲学、历史作品还是应用文，都可以成为今天意义上的文学作品）；其二是中文与梵文实在相去太远，不像深受英文语法影响的现代白话文，多少还可以与英文比附之处，人们还有讨论"直译、意译"的余地，当时几乎没有这样的可能；其三则是当时的翻译大多是中外合作产品，梵僧口述，华僧或中国文人笔录，对梵僧来讲，似乎不存在原文的理解问题，而对不通梵文的中国文人来说，最引起他们兴趣的自然是译文自身的风格。这就与西方传统翻译都是通双语者所为大不相同。第一个原因，我们今天已经淡忘了；第二个原因，对于用惯白话文的我们，也已感觉不到了；而第三个原因，则恐怕我们是没有沉下心去思考过的。其实对于翻译研究来说，第三个原因是非常值得研究的课题。

3. 中西译论的不同传统

第二个方面，探索中西传统译论的根本差异。这个差异有着什么样的文化、历史和语言背景？

沿着上面的思路，我们在看待中西译论的区别时就有了新的眼光。与中国传统译论关注译文的风格是"文"还是"质"不同，西方传统译论更关注的是原文乃至原文形式的传递。如果说中国译论仿效的是"文章正轨"，则西方译论从一开始追求的就是"精确"（accuracy）。西方译论的最早的翻译标准见《阿里斯狄亚书简》（*Letter of Aristeas*），其中有一段话评论《旧约》（*the Old Testament*）的《七十子译本》（*The Septuagint*）说："Inasmuch as the translation has been well and piously made and is in every respect accurate, it is right that it should remain in its present form and no revision of any sort take place."（Aristeas 2006：4）所谓"精确"当然是对原文而言的。从贺拉斯（Horace 2006：15）开始，这个词换成了"忠实"（fidelity），它成了西方译论最关心的词语。其后，从西塞罗（Marcus Tullius Cicero）、昆体良（Marcus Fabius Quintilianus）、哲罗姆（Saint Jerome）、德莱顿（John Dryden）等（参见谭载喜 1991）开始，西方学者起劲地讨论"直译"与"意译"，乃至"与原作竞争"。例如昆体良说："He may even add to those thoughts oratorical vigour, supply what has been omitted, and give compactness to that which is diffuse, since I would not have our paraphrase to be a mere interpretation, but an effort to vie with and rival our original in the expression of the same thoughts."（Quintilianus 2006：20），在这些主张里面，我们可以明显地看到原文的巨大阴影，"直译""意译""竞

争"，都是从原文生发出来的，其实都是对原文的不同程度的"叛逆"。因而，后来西方译论家的一些著名比喻或言论，如"翻译即叛逆""翻译像女人，美的不忠，忠的不美""翻译是二手名媛"（All translations are reputed females, delivered at second hand. ——John Florio 2006: 131）等，都是在"是否忠于原作"这个前提下提出来的。到了泰特勒著名的"翻译三原则"，几乎句句都围绕着原作（original）在做文章。如果说，中国传统译论关注的是译品的质量，西方传统译论更关注的则是对原作的"忠实"。用现在的译学术语来说，中国传统译论的总的倾向是 target-text-oriented（译文取向），而西方传统译论的总的倾向是 source-text-oriented（原文取向）。我们不排除，在细节和局部上，中国传统也有原文取向，西方传统也有译文取向，但作为总的倾向，两者的区别十分明显。这就很值得我们关注并进行研究。

西方传统译论的形成也有其历史、文化和语言方面的原因。我们认为下面三个是重要的：其一，同中国古代翻译中"笔述"者往往不懂外语的情况不同，在西方，自古以来翻译就是通双语甚至多语者的任务，不管是译入语译者还是译出语译者，由于精通两种语言，自然会对语言间的转换过程感兴趣；其二，西方传统翻译是从《圣经》翻译开始的，因而原文有着至高无上的权威，形成了西方译者敬畏原作、贬低译作同时也贬低译人的传统；其三，与中西语言存在巨大的本质性差异不同，在欧洲范围内，各语言间的差别更多地表现在量上而不是质上，它们都是重形式、重形态的语言，其间的转换存在着"直译"和"对等"的选择，因而"忠于原文"有可能在形式上得到一定程度的实现，而从尽可能"直译"到完全"意译"，中间有着巨大的空间可供选择，这自然成为不同学派、不同译者大展身手的园地。

4. 百年中国译论的再回顾

第三个方面，重新审视严复以来中国现代译论的发展。这其中，有多少西方译论的影响？又有多少传统译论挥之不去的阴影？

我们从上面的分析发现，中西译论是建立在不同传统基础上的。中国的传统可以说是文章学传统，它集中体现在严复的"译事三难"上；而西方的传统是原文至上的传统，其集中的体现是泰特勒的"翻译三原则"。这两者的不同可以说是非常明显的，如果说泰特勒"翻译三原则"句句指向原文，则"译事三难"字字指向译者和译文[21]。这两个不同的传统在19世纪和20世纪之交发生了碰撞，其结果是西方传统全面压制、取代了中国传统，"原文至上"取代了文章学。正如本文开头所说，这一取代是从对"信"的曲解开始的。文章学的传统对"信"的要求是"修辞立其诚"，这个"诚"指的是对文章这一事业本身的崇高的责任心，而文章，在中国人看来，又是"经国之大业，不朽之盛事"（出自曹丕《典论·论文》，转引自刘勰 1986），在国人的心目中有着崇高的地位。从这一理解出发，严复对翻译的"信"有着非常高的标准，他把投身这一事业看作"国民之天责"，并且要"密勿勤劬，死而后已"（严复 1984b：142）。这是一种非常强烈的对国家和社会的责任感。这样的"信"岂是可以轻易做到的？！因而严复（1984b：142）要说："求其信，已大难矣！"要是"信"只意味着"忠于原文"甚至死守原文的字句，那么当今那些胶柱鼓瑟、拿着字典跟在原文后面逐字硬扣的翻译是最"信"的了，还用得着他来这么感叹吗？但是严复这一代知识分子的拳拳之心到了20世纪早已成了明日黄花，甚至已经是比他稍晚的梁启超、鲁迅那一辈人所难以理解的了。在一批新的、接受了西方学说熏陶的新进知识分子看来，"信"只能意味着忠于原文，更意味着忠于原文的语言形式。翻译在白话文运动以后，更被鲁迅、瞿秋白、傅斯年等人[22]看作改造汉语的工具。从此"信、达、雅"被依照泰特勒"翻译三原则"

---

21 我们把"信、达、雅"分别解释为"道德标准、内容标准、语言标准"，见潘文国（2004）。

22 鲁迅（鲁迅，瞿秋白 1984：276）说："（宁信而不顺）这样的译本，不但在输入新的内容，也在输入新的表现法。"。瞿秋白（鲁迅，瞿秋白 1984：266）说："翻译……还有一个很重要的作用：就是帮助我们创造出新的中国的现代言语。"傅斯年（2003：226）说："练习作文时，不必自己出题，自己造词。最好是挑选若干有价值的西洋文章，用'直译'的笔法去译他；迳自用他的字调，句调，务必使他原来的旨趣，一点不失。这样练习久了，便能自己做出好文章。"

的榜样做了全面改造，中国译学也就此纳入西方译学的轨道，连一些争论（如"直译、意译"等）也都是仿着西方依葫芦画瓢，同样的旷日持久，同样的毫无结果。只有一些所谓"文艺学派"的翻译家，如傅雷、钱锺书、余光中等人，或多或少，或有意或无意地继承了文章学的传统，从而形成了罗新璋（1984）所说的"我国自成体系的翻译理论"。

5. 比较中西译论的新启示

探索了中西译论传统各自的特色，我们发现了一个非常有趣的现象：像很多领域的中西比较一样，在译论传统方面，中国和西方的研究正好也是相反而互补的。西方重源，中国重流；西方重原文，中国重译文；西方重作者，中国重读者；西方重过程，中国重结果。但两者也有对方所没有的东西。这些不同风格和特色的形成，与各自的历史、文化，特别是语言文字的特点有着千丝万缕的联系，值得进行全面的发掘。

20世纪初以来，中西译论实现了碰撞和接触，其结果是中国译论的全面西化。有意思的是，70年代以来，西方译论有了惊人的大发展，在很多新理论中，我们居然发现了中国传统译论的影子。笔者（潘文国 2004）曾经对严复的译论进行过总结，命之为"社会文化学派"，认为它包含了五个方面的内容：

（1）把翻译看作翻译家对社会应尽的责任；

（2）把翻译看作救中国于危亡的重要手段；

（3）根据社会与政治的需要来选择翻译的书籍；

（4）为达到较好的社会效果，将翻译与学术研究结合起来，经常采用注释法；

（5）发明了"达旨"的翻译方法。

我们欣喜地发现，70年代以后的西方译论，特别是在翻译研究的"文化转向"之后，也越来越多地包含了这些方面的内容。西方相继出现的社会学派、文化学派、目的学派，有许多主张与严复的主张和做法有相同之处。如果我们能认真比较和研究，必能更深刻地理解传统译论，也能更深刻地理解西方的新译论。

另外，重新认识传统译论的价值，也会为我们继承和发扬前人的优良传统提供启示。举例来说，近年来，西方有些翻译理论家也开始关注译德、译品等译者道德方面的问题（我不敢说是否已形成了"道德学派"），但还没有看到过像中国文章学传统培养出来的严复那样，把翻译当作尽"国民之天责"（严复 1984b）的。如果我们从 20 世纪一开始就坚持并发扬那样的传统，坚持对译者人品、素质的要求，把没被误解的"信"，即"诚"放在第一位，我们还会有现在那么多粗制滥造的翻译"作品"吗？

参考文献

- 道安．摩诃钵罗若波罗蜜经钞序 [M]// 罗新璋．翻译论集．北京：商务印书馆，1984a：24-25。

- 道安．道行经序 [M]// 罗新璋．翻译论集．北京：商务印书馆，1984b：25。

- 傅斯年．怎样做白话文 [M]// 胡适．中国新文学大系·建设理论集．上海：上海文艺出版社，2003：217-227。

- 慧观．法华宗要序 [M]// 罗新璋．翻译论集．北京：商务印书馆，1984：32-33。

- 慧皎．僧睿传节要 [M]// 罗新璋．翻译论集．北京：商务印书馆，1984：39。

- 慧远．三法度序 [M]// 罗新璋．翻译论集．北京：商务印书馆，1984a：40-41。

- 慧远．大智论钞序 [M]// 罗新璋．翻译论集．北京：商务印书馆，1984b：41。

- 刘勰．文心雕龙 [M]// 周振甫．文心雕龙今译．北京：中华书局，1986.

- 鲁迅，瞿秋白．关于翻译的通信 [M]// 罗新璋．翻译论集．北京：商务印书馆，1984：265-279。

- 罗新璋．我国自成体系的翻译理论 [M]// 罗新璋．翻译论集．北京：商务印书馆，1984：1-19。

- 潘文国．严复及其翻译理论 [M]// 杨自俭．英汉语比较与翻译（5）．上海：上海外语教育出版社，2004：610-624。

- 僧睿．毗摩罗诘提经义疏序 [M]// 罗新璋．翻译论集．北京：商务印书馆，

1984a：36-37。

- 僧睿.大智度论序 [M]// 罗新璋.翻译论集.北京：商务印书馆，1984b：37-38。

- 僧肇.百论序 [M]// 罗新璋.翻译论集.北京：商务印书馆，1984：39。

- 谭载喜.西方翻译简史 [M].北京：商务印书馆，1991。

- 严复.《天演论》译例言 [M]// 罗新璋.翻译论集.北京：商务印书馆，1984a：136-139。

- 严复.与梁任公论所译《原富》书 [M]// 罗新璋.翻译论集.北京：商务印书馆，1984b：140-142。

- 支谦.法句经序 [M]// 罗新璋.翻译论集.北京：商务印书馆，1984：24-25。

- ARISTEAS.Aristeas to Philocrates [C]// ROBINSON D. Western translation theory: from Herodotus to Nietzxche. Beijing: Foreign Language Teaching and Research Press, 2006:4-6.

- FLORIO J.Preface to translation of Montaigne's Essays[C]// ROBINSON D. Western translation theory: from Herodotus to Nietzxche. Beijing: Foreign Language Teaching and Research Press, 2006:131-135.

- HORACE. Art of poetry [C]//ROBINSON D. Western translation theory: from Herodotus to Nietzxche. Beijing: Foreign Language Teaching and Research Press, 2006:14-15.

- QUINTILIANUS. Institutes of oratory: or, education of an orator [C]// ROBINSON D. Western translation theory: from Herodotus to Nietzxche. Beijing: Foreign Language Teaching and Research Press, 2006:19-20.

- TYTLER A F. Essay on the principles of translation[M].London: J.M. Dent & Sons Ltd,1907.

八　中国译论与中国话语 [23]

1. 所谓"中国特色翻译学"

随着翻译学学科地位在中国的确立，中国译学理论建设的问题更加引人关注。说"更加"，因为这并不是一个新问题，而是一个老问题，学界早有过多次争论。只不过译学地位既已确立，译学理论建设自然就更加突出了。因为一个学科是不可能没有理论体系支撑的，至少要有一部分人专门从事这一学科的理论问题的探讨。而这一探讨，显然不能只是引进，介绍，议论外国的理论所能完成的。

译学理论建设的一个重要争论是有没有，要不要建立"中国特色的翻译学"，我们对此曾经有过许多讨论。但我发现很多讨论并没有落在点子上。

我认为，要不要建设"中国特色翻译学"，甚至有没有"中国特色翻译学"，并不是一个纯理论问题。单纯从理论角度切入，是争不出个所以然来的。

譬如有人说，翻译学就是翻译学，不应有"中国特色""外国特色"之分。我不知道这一断论的根据何在。且不说"××学就是××学，不应有中外之分"的论调在自然科学方面受到了质疑，在人文社会学科方面，似乎也从未得到过公认，就算有这一说，却也是个未经证明、也无法证明的问题。因而，这其实只是个伪命题。讨论伪命题只会浪费时间，而不会有结果。

---

23 原载《外语教学理论与实践》2012 年第 1 期，1—7 页。

又譬如有人说，为什么美国人不提什么"美国特色"，英国人不提什么"英国特色"，而中国人偏偏什么都要提"中国特色"？这也不是一种讨论问题的科学方法。因为问题也可以反过来问：为什么别人不提，中国也就不能提？为什么我们搞理论研究，都要看人家的眼色行事，别人不说的，我们都不能说？这种争论听起来更像是在赌气，当然也不会有什么结果。

至于谈"特色"有什么坏处，不谈"特色"有什么好处，或者谈"特色"有什么好处，不谈"特色"有什么坏处，这大概在理论上也争不出什么结果来。

我想我们应该换一个思路，不要在理论上兜圈子，而应从实践上去看。这样我们就会发现，其实"中国特色翻译学"首先是个实践问题，它是由实践提出，而理论不得不关注，乃至从无法否认到只能承认的问题。

所谓"实践"，指的是翻译实践，首先是语言实践。因为不论是翻译中所谓的"语言学派"也好，"非语言学派"也好，无法否定的是，翻译最终实现的是两种语言的转换。如果连这点也不承认，那就可能"什么都是，偏偏不是翻译"了。

承认翻译离不开语言的转换，那么，一种翻译是否有特色，就要看所翻译的两种语言间的差异有多大，是否大到了超出一般语言间的差异，因而必须引起特别的重视的程度。就世界范围来看，我们最常接触的翻译实践有两种，一种是印欧语系内部各语言之间的翻译，一种是印欧语与非印欧语之间的翻译。后一种最典型的就是汉语和印欧语之间的对译（还有日语、韩语与印欧语之间的对译，可以类推，这里暂且不讨论）。我们发现，这是两种非常不同的翻译实践，不但印欧语之间的翻译与汉语和印欧语之间的翻译是不同的翻译实践，甚至从印欧语到汉语与从汉语到印欧语之间的翻译也是不同的实践。这个"不同"典型地体现为加法和减法的不同。印欧语是形态语言，有着丰富的形态变化，名词的性、数、格，动词的时、体、态，形容词和副词的级，都要用严格的形式表现出来。这些要求是强制的，谁也无法违背的，违背了就不再是所说的那种语言。即使在形态已经简化了的英语、法语里，也是如此。例如：英语的名词必须表示出"数"的范畴，法语的名词必须表示出"数"和"性"的范畴，否则无法开口说话。而汉语，作为孤立语的典型代表，就不需要这些形态变化，甚至视这些为累赘。在英译中时，我们要做的就是减法，把原文中那些对汉语来说是累赘的成分一一去掉；而在做中译英时，就必须视译文需要，将原文没有明示出来的东西一一加上。大体来说，做减法容易，去掉就是了，做加法却颇费斟酌，因为在汉语中被认为不言而喻的东西要在译文中一一落实不是那么容易的事情。我（潘文国 1994：97）曾经搜集过唐代张继《枫桥夜泊》的八种译文。仅是"月落乌啼霜满天"中的"乌"，就有四种译文译成单数，四种译文译成复数。由于单数复数的不同会导致诗的意境完全不同，我们不能简单地说哪种译法是对的。又如唐代赵嘏《江楼感旧》"同来望月人可在？风景依稀似去年"中"人"的翻译就更有趣了。因为"人"是男是女，是一是多，在原文中都看不出来，翻译就必然会五花八门，在我找到的译文中（Pan 2002：68），译成男的、女的，单数的、复数的都有。不同译文的得失长短甚至可以成为一个讨论题目，而这样的讨论在英译中时就不会出现。印欧语系内部各语言之间的翻译也会有进行中西翻译时想不到的问题，例如：英、德、法语之间在"性"范畴上的不对应会带来无法翻译的问题。弥尔顿的诗句 Sin is talking to Satan who has begotten on her his son Death 无法翻译成法语，因为与 Sin 对应的法语词 le péché 是阳性名词，不可能成为生孩子的母亲，而与 Death 对应的 la mort 却是一个阴性名词，也不可能是儿子 son（参见 Jespersen 1924：236）。

这样看来，如果要不要"中国特色翻译学"在理论上一时还难以论证的话，在实践上却几乎是必然的选择。因为对翻译实践者来说，语言类型学造成的差异实在不容小觑。无视这一实际，拿印欧语系内部各语言之间的翻译实践产生的概念"等值"等来处理中文与印欧语之间的翻译实践，就必然会扞格难通。不同的翻译实践，自然会对理论研究提出不同的要求，从而产生不同的理论。因而，不仅"中国特色的翻译学"是必然，当前建立在印欧语系内部各语言互译基础上的翻译理论，在本质上也只能看作"印欧语特色的翻译理论"。认为这些理论一经提出，就必然代表了"国际先进水平"，就必然适合所有的翻译实践（包括中文与印欧语之间的翻译），这只是某些学者的"一厢情愿"。

"中国特色翻译学"的产生是汉语与其他语言相比在类型学上的重大区别造成的，因此"中国特色翻译学"的第一个特色是汉语特色，即中国语言文字的特色。研究这一特色，必须从汉语切入，从汉语与印欧语的差别着手。而由于汉语的形成和发展与中国的文化和历史息息相关，在汉语中有着深深的中国文化的烙印，"中国特色翻译学"的第二个特色就是中国文化特色。也就是说，中国的历史、中国的文化、中国的语言研究和文化研究传统也必然会反映到翻译理论上来，从而产生与别的语境下产生的翻译理论不同的表达方式，或者说"话语"。

有人认为"中国特色翻译学"即使有，也只是个特例。这话未尝没有道理。但是如果站在国际翻译学的立场上，岂止"中国特色翻译学"是特例，"印欧语特色翻译学"何尝不是特例？譬如不同的语法"性"系统间的转换技巧的研究[24]，就跟我们一点关系也没有。以此类推，在类型上具有其他特色的语言，如作为黏着语的日语、韩语与印欧语或汉语之间的翻译也可以成为"特例"。而普世翻译学正是这些特例的总和。不肯动脑子去研究各种"特例"，却急急忙忙地宣布他们所接受的某一种（或某些）建立在印欧语互译基础上的翻译理论就是普世翻译学，这既是对中国翻译学的不负责任，也是对普世翻译学的不负责任。而强调做好自己的事，提出解释中外翻译这一"特例"的理论，正是中国译学有可能对普世翻译学做出的贡献。

2. 理论从本质上讲是话语权

"中国特色翻译学"是在解释一般翻译现象以外，能够解释汉语特色、中国文化特色、中译外和外译中各自的特殊要求、特殊标准、特殊方法的理论，是能指导中外互译实践，既为历史所证明，又能得到当代翻译实践家认可的理论。

那么，什么是理论呢？说直白一些，理论是由体系构成的，而体系是由术

---

24 例如莎士比亚的诗句"See how the morning opens her golden gates, And takes her farewell to the glorious sun"可以译成德语的"Sieh, wie sein tor der golden morgen öffnet, Und abschied von der lieben sonne nimmt"，只是改变了这对情人的性别。在英语原文里，从两个her可知，"早晨"是姑娘，"太阳"是小伙子。而在德语里，由于语法性的强制要求，"早晨"（morgen）成了小伙子，"太阳"（sonne）成了姑娘。参见Jespersen（1924:236）。

语组成的。从西方的学术实际来看，一个成功的理论往往有其自身的体系，而这个体系往往有其自身专门的一套术语。人们从术语就可辨认出某种理论。例如在语言学里：大讲表层结构、深层结构、移位、转换、管制、约束乃至"最简方案"的，便是生成语言学；大讲人际功能、语篇功能、及物性、衔接、连贯等的，就是系统功能语言学；而大讲意象、图式、隐喻、象似性、范畴化、原型等的，就是认知语言学。翻译研究也是如此，大讲"等值"的一般都与语言学派有关，而大讲"异化、归化"的一定有后殖民主义的影子。

术语、体系、理论，总归起来可以叫作"话语"。提出一套话语，别人认可你这套话语，这个理论就建立起来了。如果话语发展到一个程度，以至别人讨论相关话题非得使用你的话语不可，你就有了"话语权"。譬如上面说的生成语言学、功能语言学、认知语言学及后殖民主义翻译学等都是有话语权的，我们讨论相关问题就非得进入他们的话语不可。而反过来，如果自己没有话语，讨论任何问题都要使用别人的话语，就没有话语权。

建设"中国特色翻译学"，说到底，就是要取得中国译学的话语权，在国际译学的研究中发出中国的声音。作为一个有着两千多年翻译历史、海量翻译作品的泱泱大国，在全世界搞得热火朝天的译学研究中，却发不出自己的声音，这是很不正常的。一百多年来，中国译学研究基本上处于"失语"状态。这是有人认为中国没有翻译学，不需要翻译学，以及只要引进，不需建立"中国特色翻译学"导致的。

有着 2 000 年历史的中国译学到了 20 世纪为什么会失语？从更深的层次找原因，我认为这是 100 多年来中国学术"现代化"，实则"西化"的结果。这个"西化"不是一蹴而就的，而是经过了三个步骤。

第一步是在"五四"前后，可以称之为"打扫场地"。"五四"精英们把半个多世纪来的贫穷落后、饱受帝国主义列强欺凌的账一股脑儿地算到老祖宗头上，以断然决然的勇气和态度，宣布并且实现与中国传统文化彻底决裂，其结果是打扫净了中国的学术场地，客观上为西方理论长驱直入扫清了道路。

第二步是胡适等在"整理国故"的名义下，用西方的学科体系对中国传统学术进行了筛选和改造。这可以叫作"请进尊神"。"整理"之后：符合西方学科要求的便形成了一门门现代的，实则是西方式的学科，建立了现代的学科体系；不合的则排斥在现代的学科体系之外，被看作"不科学"或"前科学"的东西，为"现代学者"所不屑。要区别这两者很容易，大凡能轻易地翻译成一个（最多加个 studies）英语单词的就是新兴的学科，而难以译成英语的则是传统的学术。例如文学（literature）、历史 (history)、哲学（philosophy）、语言学(linguistics)是现代的(更不要说物理学、化学、生物学等自然科学的学科)，而"国学""小学""经学""子部""集部"就很难，甚至无法翻译。"整理"后的好处是毋庸置疑的，我们现在高校、研究所的学科体系就是拜其所赐形成的，否则我们几乎无法开展任何"现代性"的学术研究。而其负面影响也不可小觑，因其两分的结果不但使传统的学问消失殆尽，而且新建立的学科有太深厚的西方色彩，可以说，其中所有的理论、体系、术语、方法无不来自西方。因而，中国学问的"话语权"就这样失去了。

第三步是在各学科建立之后，我们或主动或被动地采用了一个"跟着转"的研究范式，一切跟着西方的研究起舞。"跟着转"这个词是吕叔湘针对语言学研究提出来的，他说，所有理论都是外来的。外国的理论在哪儿翻新，咱们也就跟着转。（吕叔湘 1987）其实吕叔湘的论断适用于几乎现代中国所有学科的研究。在这样的状态下，一切新理论、新方法、新概念、新论题都来自西方，都是由西方发起或者由于运用西方理论感到不合拍而引起的。形成这种研究范式，我们"身不由己"，就是说，由于话语权不在我们手里，我们只能自觉不自觉地随着西方的研究起舞。翻译学也不例外。

我们不妨举两个中国译论如何"失语"而随着西方译论起舞的例子。例子之一是"文质之争"。如果我们翻开罗新璋先生所编的，收集中国历代翻译研究史料的《翻译论集》（1984）就会发现，"文质之争"是从三国时支谦一直到隋初彦琮约 400 年间讨论的一个核心问题，伴随着佛经翻译的高潮。可以说，这是非常"中国式"的一个译论议题。而在西方，我们从谭载喜先生《西方翻译简史》（1991）那里看到的，却是从古罗马西塞罗开始至全书结尾，翻译学家们都在进行的关于"直译、意译"及其各种变体的讨论。可以说，这是一个相当"西方式"的命题。从历史的角度看，两者风马牛不相及。然而 20 世纪初，自从梁启超在《翻译文学与佛典》一文中提出："翻译文体之问题，则直译、意译之得失，实为焦点"（梁启超 2001：179），并从"直译、意译"的角度讨论了佛典翻译史之后，"文质之争"不见了，剩下的只是"直译、意译"之短长。而在现代译界，从傅斯年（1984）、茅盾（1984）开始，中国译学就始终纠缠在"直译、意译"问题上。直到今天，"直译、意译"还是翻译研究的最高频词，而"文质"早已被人遗忘。"直译"的最原初的意义是"逐字对译"（word for word translation），印欧语系内各语言由于语出同源，存在着这样的可能性，以此为基础来讨论翻译未尝不是一个有用的出发点。而汉语与印欧语之间的巨大差异，几乎不存在逐字对译的可能，因而运用这个概念的人都必须重新做出假定，结果，讨论无法建立在共同的基础上，成了各说各话[25]。

例子之二是"信、达、雅"。严复（1984a）的《天演论·译例言》被认为是中国现代译论的开篇之作，其文首的一句话"译事三难：信、达、雅"也被视为中国人提出的翻译的三个标准或原则。但这么一个由中国人提出的命题很快也被西方话语消解了。梁启超（1990）对严复的批评，已有将三者看作纯语言问题的趋势。郑振铎于1921年首次介绍了英国泰特勒的"翻译三原则"（郑振铎 1984），之后有人就称"译事三难"来自"翻译三原则"，并且千方百计想证明严复在英国时读过泰特勒的书。其后鲁迅、瞿秋白（1984）的论争，不但取消了"雅"，而且把"信、达"的关系（严复以为"为达，即所以为信也"）转化为"信、顺"的对立，所谓"宁信而不顺"。林语堂（1989）完全从语言学角度去考虑，提出"信、达、雅"指忠实、通顺、美，分别指向作者、读者、艺术。赵元任（1984）不但认为"雅"不必要，"达"也没有太大意义，认为一个"信"字就够了，而"信"的幅度包含了"直译、意译"的幅度，就又转回到老问题上去了。而我们的翻译教材在讨论翻译标准时，主要是沿着鲁迅、瞿秋白的思路，消解了"雅"，专论"信"与"达"，又把"信、达"表述为"忠实、通顺"，如张培基先生等主编的，影响极大的《英汉翻译教程》

---

25 关于"直译、意译"之争的回顾和讨论，参见潘文国（2009：101-102）。

八 中国译论与中国话语

（1980）就是如此。至此"信、达、雅"完全被消解，纳入了西方自古以来以忠实为核心的译学研究范式[26]。

"文质"和"信、达、雅"可能是中国译论史上最重要的术语之一，但在西方译论强大的话语权下，它们都被自觉或不自觉地消解了。中国译论"失语"的结果便是我们的翻译研究只能跟着西方理论走，从"文化转向""多元理论"到"异化、归化"等都是如此。而重提"文质之争""信、达、雅"之类，不仅令人觉得"无谓"，而且大有"过时"之嫌。

3. 如何重建中国译论的话语权？

建设有中国特色的翻译学，从本质上说，就是如何找回中国学者在翻译研究上的话语权的问题，这就势必要求我们跳出西方理论的束缚，重新回归中国语境来思考问题。还是以上面两个话题为例，我们不妨尝试如何回归。

第一，"文质之争"所争论的是译文本身的风格，与翻译方法无关，更与"直译、意译"无关。我们可以联系中国传统来看这个问题。"文"与"质"这一对概念起源于《论语》的"文质彬彬，然后君子"，说的是君子身上应该同时具备的两种品格，内在品格和外在表现的统一。"文质"后来成了中国传统文论的关键词，在南北朝时讨论得尤其充分，例如在《文心雕龙》里又被称作"情采"，刘勰为此写了专文。佛经翻译讨论时运用了当时最流行的批评术语，这是很自然的。我们查看了《翻译论集》中所收的，这400年间所有关于"文质"的论述，发现其讨论的都是译文本身的风格，而与翻译过程无涉（参见潘文国 2008：16）。"文质"是论者对译文的评判，而"译人"的职责是"传事"，这才是翻译过程。

第二，"信、达、雅"首先不是一个翻译学的问题，而是文章学的问题。严复（1984a：136）说得很清楚："三者乃文章正轨，亦即为译事楷模。"就

---

26 这一传统可以追溯到《七十子译本》的"accuracy"，参见 Robinson（1997：6）和谭载喜（1991：17）。

是说，这是文章学的要求，不过可以挪用来作为翻译学的要求。我们从这三个字的来源也可以看出，这本来讲的就是文章学问题，与翻译无关。"信"来自《周易》的"修辞立其诚"，讲的是为人、做学问，或者说话、写文章的"诚信"问题，这是关于作文者的人品和道德的要求，严复认为这个要求也适用于翻译者。这跟 100 年来阐释者起劲地谈论的所谓"译文要忠实于原文"根本挨不上边，《周易》里有原文和译文对照的问题吗？一些人批评说，严复定了标准自己也做不到，然后列举他如何不忠实于原文，更让人感到好笑：严复本来就没为自己设过这样的标准，哪来违背不违背？"达"来自《论语》的"辞达而已矣"，它谈的是文辞只要充分表达内容就可以了。严复借用，来表示翻译过程中译文要充分表达原文的内容，这也是很合理、很正常的借用。"雅"来自《左传》的"言而无文，行之不远"，讲的是文章表达力的问题。严复认为，不但写文章要有很强的表达力，翻译作品也要有很强的表达力。只有把翻译与中国的文章学传统联系起来，我们才能真正理解，为什么严复说"信、达、雅"既是"文章正轨"，又是"译学楷模"，单纯在西方"忠实论""直译、意译论"背景下构建的译论基础上去解释，肯定要出偏差。

我们还可以追溯一下"信、达、雅"的来源。许多人猜想，它来自泰特勒的"翻译三原则"，但都没有根据。我们经过研究，发现它有直接的中国来源（见潘文国 2011：7）。概括起来说，就是"刘熙载的路子、刘知几的句子"。就是说，他采用了清代刘熙载所云"文之道可约举经语以明之，曰'辞达而已矣''修辞立其诚'"（刘熙载 1978：47）的路子，即用古代经典著作的语言来说明文章学的道理，这样可以使自己的论点更有说服力。而在句式上，他套用了在清代脍炙人口的唐代史学家刘知几的名言："史有三长：才、学、识。"[27]以简明扼要的用语有力地表达了他的观点。可以说，这本身就是一种"信、达、雅"的体现。

"文质"指的是译文自身的风格，而"信、达、雅"是从文章学挪用过来的。这两组概念，一个产生在中国传统译学之始，另一个诞生于中国传统译学

---

27 见《新唐书·刘子玄传》，转引自刘知几（2009：567），后同。

之末（同时也是现代译学之始），连接这两个端点，我们就可以对中国的译学传统有个初步的认识，这就是，中国译学本质上遵循文章学传统。这一传统以"信、达、雅"为核心、以"文质"为主要话题，这就有别于西方以"忠实"为中心、以"直译、意译"为主要话题的译学传统。在这一认识的基础上，我们才有可能进一步研究中国译学和译论的继承与发展问题，包括中国译学传统资源的进一步发掘、中西译论传统的比较，以及如何在中外互译实践基础上，积极吸收西方古今译论中于我有用的成分，发展中国特色翻译学，为世界译学做出贡献。而首先，我们先要理解传统翻译学，理解为什么文章学翻译学可以成为一种翻译学。

文章学翻译学就是用写文章的态度来对待翻译。文章学具有中国特色，是个第二阶段"西化"后进不了现代学科体系、无法用一两个词简单翻译成英语的传统术语。中国古代有世界上最发达的文章学，严复在古今交会之际，在翻译作为一项重要事业登上文化舞台之时，沿用过来作为建立翻译学的基础，是合乎时宜的，也是继往开来的一大发明。从前文的论述中可以发现，"信、达、雅"三个字从先秦的《周易》《论语》《左传》，到南北朝的《文心雕龙》，到唐代的《史通》，到清代的《艺概》，再到清末的严复，贯穿了中国文章学约两千年的要义。这一要义，古代用之于文章学，严复扩而用之于翻译学，使古老的传统迸发出新的火花。这里试略加分析[28]：

文章学的第一个要义是文章的地位和对文章的态度问题。曹丕说："盖文章，经国之大业，不朽之盛事"（转引自刘勰 1986），这一对文章的极高定位为千百年来的中国人所共同尊奉，因而，写文章绝对不能草草了事。这就是"修辞立其诚"的"诚"的要求，也就是严复"信、达、雅"的"信"的要求。严复把这一思想用到翻译学，一是大大提高了翻译学的地位，使之与文章学并驾齐驱，这是古往今来从来没有做到过的，二是对翻译者提出了极高的标准和要求，这也是极难做到的，因此他说："求其信，已大难矣。"要是"信"只像现在有些人理解的那样是忠于原文，甚至死扣原文，那有什么难的！"信"

---

28 《严复及其翻译理论》（潘文国 2004）一文中有更详尽的分析，可以参看。

字是针对译事、译人的，严复自言，他从事翻译，是为了尽"国民之天责"（严复 1984b：142），这是对"信"字的最好注解。试问中外古今，有几个翻译家能做到这一点？这也说明，中国的译论，起点非常高，是在西方译论中罕见的（西方的某些《圣经》翻译，或可与之作比，但宗教使命与"国民之天责"不是一回事）。

文章学的第二个要义是思想或内容必须得到充分的表达。这就是"达"。"达"实际包含了形式和内容两个方面，而首要的是内容。把"达"的要求看作译文的句子要"通顺"，一是只看到语言形式，二是大大降低了对译文水准的要求。须知，"通顺"是小学语文课对学生作文的起码要求，如果对译文也只有这样的要求，那也太低了吧？翻译既然要求内容和形式两方面的"达"（或者通过形式达到内容的"达"），实际上就包括了从理解到表达的翻译的整个过程，包括了对待作者、读者、原作、译作等方面所有需要考虑的内容。

文章学的第三个要义是要有文采，要有表达力，否则不能"传远"。这就是"文质论"的"文"，或者"信、达、雅"的"雅"。这是非常具有中国特色的要求，中国一向有文、史、哲不分的传统（不是不能分，而是不想分、不必分），而且所有文章都要求有文采，这就是刘勰（1986）所谓"圣贤书辞，总称文章，非采而何？"的意思。而翻译是一种特殊的文章，由于两种语言间存在差异，译文是否也需要，或者能否做到有文采呢？这就是"文质之争"的起由和根本目的所在，说穿了，它本来就是由中国文章学提出的命题。严复把"雅"引入了翻译学，也就是肯定了文章学传统对翻译的文采要求。在他看来，翻译必须要讲文采。这实际上适用于所有的翻译，而不仅仅是文学翻译。严复事实上没有做过一篇文学翻译，而他的"雅"正是针对非文学翻译提出的。同为翻译大家的文章家林纾，也是自觉地以文采来要求自己的，这使他们两人的译文十分耐读，胜过了几十年后"忠实"的翻译者，也就是"行"得更"远"。现在很多翻译作品文字很差，当然注定不可能流传。几十年来，有人强行区分文学与非文学翻译，认为非文学翻译不需要"雅"，这实际上是挑起了新时代的"文质之争"。须知当初进行"文质之争"的佛经翻译也不是文学翻译，按今天某些翻译学家的观点，当然不需要讲文采，有"质"就可以了。

由上可见，文章学翻译学的内容十分丰富，可以说已经包含了西方译学中的忠实论、读者中心论、翻译伦理论，文学翻译中的美学论等，且不止于此。有的更富有中国特色。我们相信，从文章学的角度重新梳理中国传统，并跟外国译论作比较，就有可能构建中国特色的译学理论。

近几十年来，西方翻译理论的发展经过了四个阶段：20世纪六七十年代，重作者和原文（所谓"语言学派"翻译学）；七八十年代，重读者和译语社会（所谓"翻译的文化转向"以后）；90年代，重译者（如凡努蒂的"译者显身"和中国学者关于翻译主体性的讨论）；21世纪以来，重翻译过程（对翻译决策的心理探索）。这些都可包含在"达"的范围内，但还没有过就上文分析的"信"和"雅"方面的专门研究。中国传统译论正可补此不足，这可以说是讨论中国特色翻译学的理论意义。此外，从实践上看，重新认识传统译论，认识"信"和"雅"的本意，也是解决当前中国译品质量不高的问题的一剂良药。

参考文献

- 傅斯年.译书感言[M]//罗新璋.翻译论集.北京：商务印书馆，1984：366-368.

- 梁启超.绍介新著《原富》[M]//牛仰山，孙鸿霓.严复研究资料.福州：海峡文艺出版社，1990.

- 梁启超.翻译文学与佛典[M]//梁启超.佛学研究十八篇.上海：上海古籍出版社，2001：165-201.

- 林语堂.论翻译[M].//林语堂.语言学论丛.上海：开明书店，1989：325-342.

- 刘熙载.艺概[M].上海：上海古籍出版社，1978.

- 刘勰.文心雕龙[M]//周振甫.文心雕龙今译.北京：中华书局，1986.

- 刘知几.史通通释[M]//浦起龙，通译.王煦华，整理.上海：上海古籍出版社.2009.

- 鲁迅，瞿秋白.关于翻译的通信[M]//罗新璋.翻译论集.北京：商务印书馆，1984：370-388.

- 罗新璋.翻译论集[M].北京：商务印书馆，1984.

- 吕叔湘.中国语法学史稿·序 [M]// 龚千炎.中国语法学史稿.北京：语文出版社，1987.

- 茅盾.译文学书方法的讨论 [M]// 罗新璋.翻译论集.北京：商务印书馆，1984：337-342.

- 潘文国.单数乎？复数乎？——唐诗英译二十四品之一 [M] // 刘重德.英汉语比较研究.长沙：湖南科学技术出版社，1994：85-100.

- 潘文国.严复及其翻译理论 [M]// 杨自俭.英汉语比较与翻译（5）.上海：上海外语教育出版社，2004：610-624.

- 潘文国.从"文章正轨"看中西译论的不同传统 [M]// 张柏然等.中国译学：传承与创新.上海：上海外语教育出版社，2008：13-23.

- 潘文国.译学研究的哲学思考 [J].中国外语，2009（5）：98-105。

- 潘文国.文章学翻译学刍议 [M]// 汪榕培、郭尚兴.典籍英译研究（第五辑）.北京：外语教学与研究出版社，2011：2-10.

- 谭载喜.西方翻译简史 [M].北京：商务印书馆，1991.

- 严复.天演论·译例言 [M]// 罗新璋.翻译论集.北京：商务印书馆.1984a：136-138.

- 严复.与梁任公论所译《原富》书 [M]// 罗新璋.翻译论集.北京：商务印书馆.1984b：140-142。

- 张培基.英汉翻译教程 [M].上海：上海外语教育出版社，1980.

- 赵元任.论翻译中信、达、雅的信的幅度 [M]// 罗新璋.翻译论集.北京：商务印书馆.1984：726-741。

- 郑振铎.译文学史的方法如何？ [M]// 罗新璋.翻译论集.北京：商务印书馆.1984：369-382.

- JESPERSEN O. The philosophy of grammar [M]. London: George Allen & Unwin,1924.

- PAN W. Singular or plural:a case stuty of the difficulty and charm in rendering Chinese poems into English [C]//HARVEY K.CTIS Occasional Papers. Manchester: UMIST, 2002: 59-69.

- ROBINSON D. Western tranation theory: from Herodotus to Nietzsche [C]. Manchester: St Jerome, 1997.

九 文章学翻译学刍议 [29]

1. "中国特色翻译学"再议

为什么要重提"中国特色翻译学"的问题？理由有三：

第一，这是时代的要求，崛起的中国需要中华文化的复兴。

中华文化的复兴要求中国在各个学术领域发出自己的声音。翻译学在西方兴起已有 30 多年，翻译理论的引进和讨论也已有时日，但直至今天我们还是在西方理论、西方概念的基础上打转，还没有一个属于中国自己的翻译理论。中国有两千多年的翻译实践，也出现过几次翻译史上的高潮，尤其是绵延一千多年的佛经翻译，可以说是世界翻译史上的奇迹。但并没有产生出相应的、系统完整且成熟的翻译理论。一百多年来中国翻译界谈得最多的是严复的"信、达、雅"，但"信、达、雅"不像是翻译理论，更无法拿出去与西方各种理论抗衡。改革开放使中国走上了世界经济舞台的中心，经济发展必然带来文化振兴，时代要求我们在文化上也要上一个台阶，翻译学新理论的提出，此其时也。

第二，翻译实践提出的要求，尤其是中译外和典籍翻译的实践。

这是翻译实践提出的要求。翻译理论有普遍性也有具体性。有人认为，凡

---

29 原载汪榕培、郭尚兴主编《典籍英译研究》第五辑，北京：外语教学与研究出版社，2011 年出版，2—10 页。

理论一定要具有普遍性，强调"××特色"是不对的。这是只知其一，不知其二。理论肯定是从总结个别地方、个别问题的经验出发的，因而从提出的那天起，它就不可避免地带有地域性、个别性、具体问题的针对性。它肯定是针对具体问题而提出，为解决具体问题而生，因而可以说从一开始就具有了"××特色"。由于对解决具体问题有效，所以被引申和转用到了其他地方，解决其他问题。正是在这样一个过程中，理论逐渐取得了普遍的意义和价值。到这时，人们往往只看到它的普适性，却忘了它起源时的个别性，误以为理论一开始就自然是普遍适用的。因而，当人们的实践发展了，就会对新理论的产生有需求。翻译是全人类的伟大实践，由于科技和经济的发展，当今世界正在变成一个"地球村"，翻译的需求比任何时候都更迫切，因此近几十年翻译理论的蓬勃发展正是顺应了时代的要求。而中国的崛起、中外交流的迅猛发展，特别是中译外和中华典籍外译的发展，对翻译提出了许多新的问题。从根本上说，由于汉语汉字在世界语言文字之林的特殊性，西方语言文字之间的"西西互译"与涉及中国语言文字的"中西互译"，是不同的实践，从西到中的"外译中"和从中到外的"中译外"也是不同的实践，而将与今天在语言文字和文化上都有着隔阂的中国典籍译成外文，更是一种特殊的实践。这些实践都是产生于西方的翻译理论接触不到，甚至不可能想到的，要求有一种专门的理论来对这类实践进行概括和总结，这可以说是一种非常现实的要求。当然，我们可以从现有的西方理论出发，让这些理论在接受中国翻译实践的基础上得到修正和发展，但也不妨尝试走另一条路，即尝试发展中国自己的翻译理论。这个理论，可能一开始是个别的、局部的，只适用于中文，但随着理论的发展，也可以走向世界，取得普世的意义，为其他条件下的翻译实践服务。

第三，学术创新的需要。

这一条不用多说，中国正在成为一个创新型的国家，这是一个发展中国家必然要走的道路。经济上是如此，政治上、文化上也是如此。一个没有创新意识的国家是没有前途的，一个没有创新意识的企业是没有前途的，同样，一个没有创新精神的学科也是没有前途的。20世纪以来，中国几乎所有的学科建设都在走一条与中国工业发展类似的道路：照搬—仿制—自创，现在已经引起了学术界普遍的反思。翻译学是一个起步较晚的学科，但其中"跟着转"的轨迹已经很严重。有识之士在纷纷呼吁进行独创性的研究，对此我们应加以鼓励和扶持。

说到这里，有必要谈一谈什么是"中国特色的理论"的问题。在学界，有人主张"中国特色"，有人反对提"中国特色"，但对"什么是中国特色"的问题并没有想清楚，因为主张者不可能主张凡事都只考虑中国、不必顾及其他地方，反对者也不可能只准谈普遍性、不准提与中国实践相结合的问题。因此，争来争去，有时发现争的不是同一个东西。我想在这里先对"中国特色"作一个界定，那么以后有人支持也好，有人反对也好，就有了共同讨论的基础。

关于"特色"有过不少讨论，但我觉得最有启发意义的是关于"特色"与"模式"的争论。按照这个观点，"模式"是个中性词，比如"中国模式"就只是中国人的实践，包括方法和过程，其中可能有对的、好的、成功的，也可能有错的、坏的、失败的。而"特色"是个褒义词，它的内涵包括"特点＋优势"，所谓"特点"是其特有的，所谓"优势"是它强于其他人或事物的方面。这样，"中国特色"理论应该是强调和发挥中国优势方面的理论。如果这个理解可以接受，那么，我觉得"中国特色"的理论与普适性的理论在本质上并不一定完全相反，它只是更注意到中国的特点和优势而已。

从这个理解出发，我觉得"中国特色"理论的说法是可以接受的。而"中国特色"的理论（包括文学理论、语言学理论和翻译理论）应该具备以下三个特点：

其一，它是优先解决中国问题的理论。如上所说，在翻译实践中，这一理论应该特别关注中西互译，尤其是中译外和典籍翻译的实践，为吸收世界文化的精华和传播中华文化服务。

其二，它必须充分利用中国的文化和学术资源，以及与中国传统相关理论和实践接轨的理论。中国文化的发展是一条历史的长河，任何一种新的理论的诞生都必须生长在自己的土地上，接受传统文化的浇灌。外来文化一开始总像是"异地空降"，它必须接受"汉化"才能落地生根。

其三，它必须是使用中国话语的理论。什么叫理论？说白了，就是一套术语构成的体系。20 世纪以来这一倾向尤其明显。西方学者（哲学家、语言学家、文艺理论家、翻译理论家均是如此）特别善于此道，每种理论都伴随着一大堆独创的术语。接受他的理论就意味着要学习和掌握这一大堆术语；而一旦离开这堆术语，你会突然发现，自己不会说话了。这就是中国有很多研究者一旦接受某种西方理论，就很难自拔的原因。中国学者要独创自己的理论，一定要善于使用自己的话语，而为了彰显中国特色，特别要善于从传统中发掘话语资源。

2. 当前翻译学理论研究的现状

为了说明创建中国特色翻译学的必要性，我们有必要对翻译学理论研究的现状作一番全景式的回顾，从存在的问题中探索新的出路。我们可以从三方面去看。

首先，看西方理论的引进。"五四"以来，我们在学科建构和学术研究的许多领域走的是一条"全盘西化"的道路，翻译研究也不例外。在 20 世纪七八十年代翻译研究的"文化转向"发生以前，从西方引进的翻译理论大致属于两个学派，一个是文艺学派，还有一个是语言学派。如果撇开两者之间的论争及各派内部的分歧不谈，我们可以发现，文艺学派翻译理论的核心术语是"直译、意译"，而语言学派的核心术语是"等值翻译"。关于这两个术语的讨论和文章很多，但基本没有解决什么实际问题。经过仔细思考，我们发现，这两派理论在中国发挥的作用之所以有限，关键在于这两个术语都是建立在西方语言系统及其中各语言之间的翻译上的。从西方译学本义上看，"直译"就是字对字翻译，而这在汉语与西方语言的对译间几乎不可能实现。因而，"直译"一介绍到中国就必须做出修正，而一修正，就连"意译"的意义也要不断地做出调整，结果"直译、意译"术语之争就成了某一时期国内翻译理论研究的全部[30]。同样，"等值"首先是语言结构形式上的完全对等，这在西方形态语言

---

30 关于"直译、意译"之争的评论可参考潘文国（2009）《译学研究的哲学思考》一文。

之间很容易实现，而一到了汉语便不可能实现，于是各式各样经过修正的"等值"概念充塞了我们的翻译理论研究。其结果照样是字面之争，与翻译实践无补。"文化转向"对中国译界的极大启示是重新评价清末民初的翻译，以之响应多元系统理论。但由于文化派翻译理论更关注的是"译成之后怎样"，而不是"怎样译过来的"，所以对实际从事翻译的人几乎没有什么指导意义。翻译理论研究在"普及化"的同时却变得"浅薄化"，亦即理论研究无须翻译实践作支撑，从来没有做过翻译，甚至外语尚未过关的人也能大谈翻译该如何如何，这个学科的"专业性"受到了挑战。在指导翻译实践方面，语言学派与文化学派翻译理论正好形成了两"极"，前者"过"而后者"不及"，前者死板而后者言不及义，两者在实践上一样无能。西方当今的翻译研究还有一个特点，就是严格区分文学翻译和非文学翻译，而当前文学翻译理论的研究越来越趋边缘化，这也影响了国内的翻译研究。

其次，看国内自身翻译理论的构建。同其他学科的发展一样，"全盘西化"的结果就是自身理论构建的"失语"。吕叔湘曾批评百年来的中国语言学研究是在西方理论后面"跟着转"，其实许多学科包括翻译学也是如此，我们提不出自己的论题，也建不起自己的体系，就只能在别人后面"跟着转"，一而再、再而三地把人家的命题、人家的争论焦点接过来，煞有介事地争论一番，仿佛非常热闹、非常"繁荣"，其实不少是没有意义甚至是会带来害处的。这里不妨举两个例子。第一个例子，我们跟在西方理论后面，区分文学翻译和非文学翻译，其最典型的表现是剔除了严复所说的"信、达、雅"中的"雅"字，认为"雅"是讲语言风格的，只有在文学翻译的时候才需要，其他翻译只要"信、达"或者"忠实、通顺"就可以了。引进西方理论的结果竟然是对自身学术资源的消解，这可算是奇事一桩。但问题在于，如果"雅"只是指文学作品的风格，提出"雅"的严复，他搞的是文学翻译吗？如果他并没有搞过文学翻译，则他的"雅"并非对文学翻译的要求。第二个例子，有很多人说，"文学翻译是艺术"。我们理解他们的意思，他们是想以此来为文学翻译中的必要发挥或渲染作铺垫，强调文学翻译有其自身的规律，不能以一般翻译的理论来做硬性要求。但问题同样在于，这样严格区分的背后，是否意味着非文学翻译就不是

"艺术"，而只是"技术"呢？"艺术"和"技术"能分别说明文学翻译和非文学翻译的特征吗？如果非文学翻译只是"技术"，你敢放心交给电子计算机去"翻译"吗？

再次，看传统译论在今天的命运。我们多年来习惯于"跟着转"，后果有二：一是自身的理论体系始终建立不起来，二是传统译论话语异化，或者更直截了当地说，曲解。曲解的原因是对自己的东西没有信心，因而要套用西方话语。这里也举三个例子。第一个例子是南北朝时期，佛经翻译的"文质之争"，从历史文献看，"文质之争"本是两种文体之争，而在西方译论传进入中国以后，有人就把它类比为西方的"直译、意译"之争[31]。第二个例子是严复的"译事三难"，也被人们类比为英国翻译理论家泰特勒提出的"翻译三原则"，其实二者完全不同[32]。第三个例子是罗新璋（1984）提出的所谓"我国自成体系的翻译理论"，罗新璋把佛经翻译的"案本"，严复的"求信"，傅雷的"神似"和钱锺书的"化境"拉成一条直线，认为这条线构成了中国译学的体系。依我们看，这样把四个不相干的观点拉在一起，既不成"体系"，也不是"中国"的。其中"案本"并不能代表佛经翻译理论的全部，"求信"是对严复译论的曲解，"神似、化境"确是中国学者提出的，也用了中国式的术语，但傅、钱二人讨论的都是文学翻译，在近两千年"自成体系"的中国译论中让文学翻译标准占两席，恐怕也很难为文学翻译界以外的人接受。而四者中，前两者本质上经过西方译论"忠实"说的改造，已经不合原意，后两者并不是针对整个翻译领域而言的，四者根本无法构成"体系"。

从当前翻译研究存在的问题看，提高理论自觉意识、构建中国自身的翻译理论，确实应该是中国翻译理论工作者当前和将来相当一段时间的重要任务。本文的目的是抛砖引玉，做初步的尝试。

---

31 "文质"是文章学概念，参见潘文国（2008）《从"文章正轨"看中西译论的不同传统》一文。

32 关于严复"信、达、雅"的分析，参看潘文国《严复及其翻译理论》（2004）一文。

3. 文章学翻译学——中国特色的译论

我们抛出的"砖"叫作"文章学翻译学"，也就是说，根据我们的认识，中国特色翻译学不建立则罢，要建立的话，必须建立在文章学的基础上。有人会觉得文章学这个名词太生，不大像现有的学科名词，其实，这正体现了中国特色。在中国古代，关于文章学的研究可以说铺天盖地，唯独没有今天从西方引进的那种句法学、篇章学，文章学兼含了现今语言学和文学的内容，打破了两者的界限，也许有助于我们发现语言学派翻译学和文艺学派翻译学所忽略或偏颇的方面，找出真正的问题所在。除此之外，我们提出文章学翻译学还有如下三点理由：

第一，近代第一个具有理论色彩和国际视野的翻译家严复，在他提出脍炙人口、影响中国译学百年的"信、达、雅"时，明明白白地提到了文章学，说："三者乃文章正轨，亦即为译事楷模。"（严复 1984：136）这就是说，"信、达、雅"首先是文章学的准则，同时可以挪过来作为翻译的榜样。

第二，传统译论与文章学相始终。中国的传统译论都是围绕文章学的。"信、达、雅"是文章标准，严复已经明说了。"文质之争"也是文章学问题。"文质"是文章学名著《文心雕龙》的核心内容之一，又叫作"情采"。《文心雕龙》全书50篇，其中有20篇是所谓的"创作论"，其内容可以概括为"说情道采"，也就是正确处理"文"与"质"关系的问题。很多人可能没有注意到一个事实，近代翻译两大家严复和林纾都与传统文章学最后一个流派——桐城派有着很深的渊源，甚至可以说，他们就是桐城派最后的两位大家，他们援文章学入翻译学，本来就是题中之意。"文"与"质"、"信、达、雅"都是文章学问题，离开文章学就必然被曲解。例如"信"，严复援引孔子"修辞立其诚"一语，是要说明对待"译事"应有的态度，这与古人写文章的态度是一致的，而后人却把"信"曲解为忠实于原文。在"信"作为"文章正轨"时，有什么忠于原文可言？

这里不妨说一下严复"信、达、雅"的来源。许多人注意到严复（1984）在《天演论》中引了古代的三个句子："修辞立其诚""辞达而已矣""言之不文，行而不远", 以为找到了"信、达、雅"的出处。这诚然有其道理。然而经我们研究,"信、达、雅"还有更直接的来源、更明显的模仿对象。我把它叫作"刘熙载的路子、刘知几的句子"。所谓"刘熙载的路子", 是指这种引用经语以说明文章学道理的方法不是他的创始, 而是来自早《天演论》25 年出版的刘熙载的《艺概》。在其中的"文概"部分, 刘熙载也引了经语来说明文章学的道理,"文之道可约举经语以明之, 曰'辞达而已矣''修辞立其诚''言近而指远''辞尚体要''乃言底可绩''非先王之法言不敢言''易其心而后语'", 又说《左传》"'言之无文, 行而不远', 后人每不解何以谓之无文……"(刘熙载 1978: 47)我认为这就是严复采用引经之方法, 甚至其具体引文内容的直接来源。所谓"刘知几的句子", 是指三字论这一句式的来源。为什么严复在刘熙载所引的文章学语录里只采用了三条, 并概括成"信、达、雅"三个字? 我认为他是受到了另一位前代学者的启发。他套用的是唐代史学理论家刘知几的话,《新唐书·刘子玄传》记刘知几说:"史有三长: 才、学、识, 世罕兼之, 故史者少。"熟悉国学的严复, 在想到译才难得的时候, 想必在 1 000 多年前感叹史才难得的刘知几那里找到了知音, 不期然地袭用了他的句式。

从这个例子可见, 中国式的译论如果希望与传统接上轨, 文章学是绕不过去的。

第三, 如前所说,"文章学"是个非常中国化的概念, 在西方找不到对应物,"文章"涵盖了一切用文字写成的东西, 基于"文章学"的翻译学的研究对象也涵盖了除口译之外的所有书面翻译。就目前来说, 它最现实的意义就是能涵盖人们想区分但又纠缠不清的文学翻译与非文学翻译,这对典籍翻译尤其适用。在中国古代, 文、史、哲不分, 这不等于说古人没有这些概念。清代桐城派大师姚鼐主张, 为文要讲究"义理、考据、辞章", 大体就是指这三个方面, 但他希望实现的不是"分", 而是"合", 他认为所有的文章都应该体现这三个方面的要求。在今天看来, 古代的作品, 不管文、史、政、经、宗教、军事、天文、地理, 所有典籍都是"文章", 因为都讲究"辞章", 所以都是美文, 都是"文学", 都要用"文学"的翻译方法。而如果用西方那种文学翻译、科技翻译、商务翻译、法律翻译等的划分方式, 也许可以解决分类日趋细密的现代文的翻译问题，但无法解决典籍翻译问题，也无法对之进行指导。

4. 文章学翻译学概说

那么，文章学翻译学的基本精神是什么呢？它与以往的翻译理论的区别在哪里呢？

文章学翻译学的基本思想，可以用一句话来概括："翻译就是做文章。"因而，要用做文章的方法来对待翻译。其实这个意思严复（1984：136）早就说得很清楚了："三者乃文章正轨，亦即为译事楷模。"他把做文章的要求挪过来，作为翻译的要求，也就表达了要以文章学作为翻译学基础的观点。这个理论与后来形形色色的翻译理论的最大区别在于，后者无一例外，要求严格区别翻译与文章（诸如"创作是处女，翻译是媒婆"之类），强调两者的差异性，强调翻译有很多特殊规律为文章所无。而文章学翻译学却更强调翻译与文章的共性，强调两者有许多共同的规律。也就是说，一般的翻译理论把翻译看作文章以外的东西，而在文章学翻译学看来，翻译不过是文章的一种，不能因其特殊性而自外于文章。

当然，这里说的文章学是中国的概念，它不同于西方的文学，也不同于西方的写作学。用西方的学科分类来观察古代的学术，往往方枘圆凿，不得要领。例如文章学的名著《文心雕龙》，如用西方分类来看，就不知放入文学理论好，还是放入写作学好。从另一方面看，它既包含了西方的文学，又包含了西方的写作学，甚至还有比两者加起来还要多的东西（如语法学、诗律学等）。因此在提出文章学翻译学时，我们已经使用了中国的传统学术话语。在接下去的论述中，我们还要进一步使用这类话语。

那么，如何建立文章学翻译学呢？我们的回答也是一句话："道器并重。"这是因为，中国的文章学本身是"道器"统一的，文章既是"道"，又是"器"，有"道"的追求，又有"器"的讲究。道、器的概念出自《周易·系辞》："形而上者谓之道，形而下者谓之器。"粗略地说，中国人认为，任何"事""物"都可看作"形"，因而都有"形上""形下"的问题。"形上"的问题谈原则、谈精神；"形下"的问题谈具体的方法甚至操作细节。"形上"的"道"是追求的目标，"形下"的"器"是达到"道"的手段。"道"不离"器"，而离"器"无以求"道"，这就是两者的辩证关系。拿西方哲学打个比方，"道"近似于本体论，而"器"近似于方法论。但中国的"道"比西方的本体更抽象，中国的"器"比西方的"工具"更具体。翻译也是一种"形"，因而也有"形上""形下"的两面。作为一种理论，就应该既关注"形上"的"道"，又关注"形下"的"器"。相对来说，西方的翻译理论往往有"道器"两分的倾向。例如语言学派的翻译理论更多地侧重于"器"，而文化学派的翻译理论更多地关注"道"的方面。

文章学翻译学的"道"与"器"是什么？这是一个需要深入研究的问题。目前我们只能提出一个初步的思考，用两句话来表述。文章学翻译学的"道"，我们用严复的"译事三难：信、达、雅"；文章学翻译学的"器"，我们自造了个"译文三合：义、体、气"。

与一般人把"信、达、雅"看作翻译标准、翻译原则不同，我们把它看作翻译学的"道"，或者翻译追求的理想境界。它是"形而上"，而不是"形而下"的东西。

为什么？因为它本来就不是标准，也根本没有具体的可操作性。如果把"信"理解为"忠实"，只要看看赵元任（1984）的文章，便可知其理解无法统一，其执行更无标准。百年来谈"信、达、雅"只能论"道"便是这个原因。即使按照我（潘文国 2004）的理解，把"信"解释为道德标准，那也是无法量化、无法操作的。说到底，"译事三难"是在讨论翻译的理想境界。"信、达、雅"之难其实是人才之难、译才之难。就好像刘知几说"史学三长：才、学、识"，感叹的是三者兼备的史才之难一样，"信、达、雅"说的是三者兼备的译才之难。其中"信"是理想的道德境界，要有品德高尚、极其忠诚于翻译事业的人来做翻译；"达"是理想的意义境界，原文意思完全得到传达，不多不少；"雅"是理想的语言境界，译文使用"正"而"雅"的语言，才能达到好的效果。人品、意义、文字，这本来就是传统文章学对作文和作文之人的要求，因此挪到翻译（也是文章之一种）上来是很自然的事。百年来的解释使"信、达、雅"脱离了它的文章学背景，加上西方理论影响，把它降到了技术层面，而它又没有可操作性，因而越说越糊涂。

正因为"信、达、雅"只是个"道"的要求，它没有具体的可操作性，只是翻译追求的理想境界，所以在具体的翻译过程中，还需要有具体可操作的"器"来帮助。对翻译者来说，要有具体可依傍的方法；对批评者来说，要有具体可评判的标准。这是我们在"信、达、雅"之外，提出"义、体、气"的原因。

"译文三合：义、体、气"可以说是文章学翻译学为翻译，特别是中译外和典籍英译量身定制的"器"。至于它能否适用于别的翻译，还有待于实践的检验。在这句话中，"义、体、气"是传统文章学的重要术语，也是我们体会到的传统文章学的一个重要方面。简单地说，它指的是文章的意义、形式和神气三个方面，它适用于写文章，也适用于做翻译。"合"是专门针对翻译讲的，它是指译文和原文的关系，必须契合。统称是一个"合"字，分开来说，对译者的要求是一个"传"字，要尽量把原文中"义、体、气"三方面的东西传达过去，对批评者来说，可使用一个"品"字，从"义、体、气"这三个方面去品尝译文，去批评翻译过程和翻译者的得失。

关于严复的"信、达、雅"，我们已写过专文论及。关于"义、体、气"，我们也将写专文论述，这里暂且打住。

参考文献

- 刘熙载.艺概 [M]. 上海：上海古籍出版社，1978.
- 罗新璋.我国自成体系的翻译理论 [M]// 罗新璋.翻译论集.北京：商务印书馆，1984：1-19.
- 潘文国.严复及其翻译理论 [M]// 杨自俭.英汉语比较与翻译 (5). 上海：上海外语教育出版社，2004：610-624.
- 潘文国.从"文章正轨"看中西译论的不同传统 [M]// 张柏然等.中国译学：传承与创新.上海：上海外语教育出版社，2008：13-23.
- 潘文国.译学研究的哲学思考 [J]. 中国外语，2009(5)，98-106.
- 严复.天演论·译例言 [M]// 罗新璋.翻译论集.北京：商务印书馆.1984：136-138.
- 赵元任.论翻译中信、达、雅的信的幅度 [M]// 罗新璋.翻译论集.北京：商务印书馆，1984：726-741.

十　译文三合：义、体、气

——文章学视角下的翻译研究[33]

1. 从"信、达、雅"到"义、体、气"

本文标题"译文三合：义、体、气"，显然脱胎于严复的"译事三难：信、达、雅"，从某种角度看，"三合"是对"三难"的继承和深化。"三难"谈的是对"译事"的要求，是全局性的；"三合"是对"译文"的要求，只是"译事"的一个方面，是操作实用性的。

为什么要专门讨论对译文的要求？这是因为，随着全球中文热和中国文化热的持续高涨，中译英、包括中国典籍英译的工作越来越受到重视，越来越多的人参与其间，出版物的数量激增。但我们也发现，翻译作品的质量并未明显提升。以中译英标志性成果《大中华文库》为例，第一批刚出版时，赢来一片叫好声。但随着出版作品越来越多，这种声音却低了下去。有时还不乏对某些译作甚至总体翻译水平的微词。在这种情况下，译文质量问题就越来越引起我们的关注了。

所谓译文质量问题，就是译文的"好坏"问题，就是不但要译出来，而且

---

33 原载《吉林师范大学学报》2014 年第 6 期，93—101 页。本文原有详细的译例分析，因篇幅限制略去。有兴趣者可参看潘文国《文章学翻译学的可操作性研究：译文三合下的译例分析》一文，载王宏印主编《典籍翻译研究（第八辑）》，北京：外语教学与研究出版社，2017 年出版，16—39 页。

要译得好。以往我们对这个问题关注不够，特别是在理论上。究其原因，语言学负有一定责任。毋庸置疑，20 世纪的语言学有其成就，但在三个问题上确实起了消极作用。第一是以语法为中心，语法压倒一切。众所周知，在语言研究中，语法管的是"对不对"的问题，修辞管的是"好不好"的问题。但百年来，在语言工具论的影响之下，语法研究垄断一切，甚至语法（grammar）成了语言学（linguistics）的同义词。修辞学越来越被边缘化。语言学家通常关心的是"能说不能说"，而不是"说得好不好"。第二是过度重视口语。语言的使用有口头语言和书面文字之别，口头语言产生在前，书面文字成熟在后。但这一发生学上的先后问题被绝对化了，甚至让人们误以为语言研究只能研究口语，研究书面语要低人一等。由于口头交际以达意为主，修辞上的好坏、甚至语法上的对错，有时都可以忽略。在"一切语言都是平等的，没有高下之分"的高论下，对好坏的研究变得无足轻重。第三是重理论建构，轻实践指导。20 世纪语言学叫得最响亮的一个口号就是"描写"，所谓"描写"就是对既有事实的分析和归类。美国描写主义语言学家曾斩钉截铁地说，"语言学就是分类的科学"，"解释不是语言学的任务"，后来的生成语言学和认知语言学，虽然以"解释"为标榜，但仍是在描写的基础上，不重视指导实践，与结构主义并无二致。马克思曾经说过："哲学家们只是用不同的方式解释世界，而问题在于改变世界。"（马克思 1995：11）以解释为指归的研究也许在"科学性"上很了不起，但在实践上可能是毫无用处的。

在 20 世纪很长一段时间里，翻译学的研究一度为语言学研究所左右。后者的先天不足不可避免地影响了翻译研究。这主要表现在：第一，一直到最新的交际理论、语篇理论，支撑翻译研究的语言学理论还都是建立在口语基础上的。而这与翻译（translation，不是 interpretation）所面对的对象并不符合。第二，描写翻译学受到追捧。当代翻译理论的一些重要流派，如文化学派、规范学派、后殖民主义学派等，本质上都是描写翻译学，只注重对现有翻译作品的分类、分析和研究。最典型的是图里（Toury 1995），他的书名就是描写翻译学，还有凡努蒂（Venuti 1995）。他们都是先对一定时期内的翻译作品进行跟踪研究，然后在对现有翻译作品进行描写的基础上提出自己的理论。而这些理论却并没告诉人们如何去从事翻译实践。第三，整个译界，特别是在高校，对理论的兴趣远高于对实践的兴趣。学术的导向更是重理论、轻实践，翻译作品不算成果，论文、课题成了衡量水平高下的唯一标杆。大量硕、博研究生的培养缺乏实践的磨练。国外翻译理论蜂出，国内也热衷于跟着国外理论转。我们缺少关注翻译实践的理论，要有的话，也是关于翻译标准的讨论，本质上还是一种描写式研究：提出几个翻译评判标准，然后拿前人作品过来印证。

这就是语言学界和翻译界的现状。如果说，到目前为止我们还能安于这种现状的话，那么，随着中国文化的对外传播，特别是典籍英译的发展，描写式研究的不足就显示出来了。第一，西方当代语言理论有重口语的传统，而中国自古以来就有重文章（书面语）的传统。口语可以没有高下之分，唯求达意；文章却一定有高下之分，高者为胜。中国获得诺贝尔文学奖的作品很少，对此，该奖评委马悦然就曾有这样一种说法：中国没有好的翻译，译作的文字不行。但马悦然没有告诉我们什么是好的译文，怎么做出好的翻译。当代翻译理论对此似乎也没有兴趣。而我们却必须解决这个问题。第二，西方的语言研究以语法为中心，而中国的语言研究重修辞（广义的修辞，即作文），"修辞立其诚"可以说是两千多年来汉语研究的总纲。语法重在词句，容易流向琐细的技术主义；而修辞重在文章，是"字句章篇"的综合工程。西方语言学没能替我们解决两者的接口问题。第三，中译外不同于外译中。后者只要立足于语言学，实现低标准的"达意"，就可能被人认可；前者必须结合中国的文章学传统，达意之外，要把文章之髓传递出来。美学的翻译对外译中来说似乎只有译文学作品时需要考虑，而中译外，特别是典籍英译，全部都是美文翻译，因为中国古代的文、史、哲不分，所有文章都是美文，甚至天文、地理、医学、科技类文章亦是美文。西方当代翻译研究几乎没有专门针对中国美文翻译的理论，典籍英译的理论探索必须走我们自己的路。

明白这一点，我们就会知道，当代翻译研究的一些理论热点，诸如"直译、意译""归化、异化""主体间性""读者反应论"等，其实都与中译外，特别是典籍英译没有太大、太直接的关系，尤其无法指导典籍英译的实践。正是基于这一认识，我们提出了重新理解严复"信、达、雅"的问题（潘

十 译文三合：义、体、气——文章学视角下的翻译研究

文国 2004），提出了文章学的翻译传统问题（潘文国 2008）。本文提出的"译文三合：义、体、气"，也是对这一问题的深入思考。

　　沉浸在 20 世纪工具理性和科学主义中的人们很难真正理解严复的翻译思想。直到今天，人们甚至说不清"信、达、雅"究竟是翻译"原则"（译者自己把握的）还是翻译"标准"（读者用来客观评判的）。说是"标准"吧，不少人却将它与泰特勒"翻译三原则"相类比，泰特勒可是明明白白称"原则"（principle），希望人人遵守（Tytler 1907）；说是"原则"吧，却又有人硬把它作为标准，而且"以子之矛，攻子之盾"，去检查严复自己的译文，结果发现严复自己就做不到"信"，于是证明"信、达、雅"没有什么价值。其实严复本来就没有提出什么原则，也没有设立什么标准，他只是从自己的翻译实践出发，感叹做翻译这件工作（"译事"），有三个条件很不容易具备（"难"）。首先是很难找到肯真心实意去做翻译的人（"信"），其次是即使有人肯做，但是否有这个能力不好说（"达"），最后是在前两个条件的基础上，还要能写得一手好文章，译文才有人看，这也不容易办到（"雅"）。作为桐城派大家吴汝纶的入室弟子和文章老手，严复深谙作文之道，他总结的这三条（严复 1984：136）其实也就是他悟出来的文章学的道理，只不过他认为，这正好可以借来说明译事之难（"三者乃文章正轨，亦即为译事楷模"）。"信、达、雅"来源于三句经书语，"修辞立其诚""辞达而已矣""言之无文，行之不远"，这是很多人注意到的，但是许多人不知道，这是古代的文章学之道。严复标出的这三句话并不完全是他个人的发明，而是对前人的继承。第一，引经语说明文章学的方法以及所引经语均源自清代学者刘熙载的《艺概》，我称之为"刘熙载的路子"。第二，"译事三难：信、达、雅"这一句式的来源是唐代史学理论家刘知几的"史有三长：才、学、识"，我称之为"刘知几的句子"。这就是严复这句名言的真正出处。20 世纪的学人们奉西学为圭臬，弃国学如敝屣，以为严复跟他们一样，理论只能来自西方，"译事三难"只能等同于"翻译三原则"，"信"只能等于"忠于原文"，于是把严复建立在传统文章学基础上的译学观，想当然地纳入了西方译学的框架。其实严复的"信"并非指忠于原文，这很容易证明："信"作为"忠于原文"的标准，是针对懂双语的人而言的，而在严复那个时代，有几个人能像严复那样出入中西，徜徉于两种语言文化之间？即使他提出以"忠实原文"为第一指归，谁来检验他的译文？何况严复就在同一篇文章里提出了"达旨"的翻译方法，明显跟"忠实于原文"唱对台戏，有哪位学者会在不过几百字的同一篇文章里提出这样自相矛盾的主张？

说到底，以严复为代表的传统中国译学与以"忠实"为核心的西方译学走的是两条路。西方译论建立在西方语言学基础上，要求译文"忠实、通顺"，走的是一条技术主义的路线。而中国译论建立在传统文章学的基础上，强调为人先于为文，走的是一条人文主义的道路。"信、达、雅"，其实就是"德、学、才"。"德"是清代乾嘉学者章学诚认为刘知几的"才学识"有所不足而加上去的（章学诚 1985：219），说的是"译事"，其实是对"译人"的要求。"信"强调了对翻译事业的高度责任感，说明翻译不是人人可做的；"达"强调达意即传译之不易，隐含了对两种语言文化知识的高要求，说明翻译不是人人能做的（严复另有一篇文章《论译才之难》为此条做了注脚）；"雅"强调文字当"求其尔雅"，这是对翻译的高要求，更不是人人能做好的。具备这样三个条件的人不仅在严复时代是凤毛麟角，即使在今天又如何易得？反观被曲解的"信、达、雅"："信只是忠于原文，甚至是原文的形式，达只要求词句通顺，雅更只是对文学翻译的额外要求，与其他翻译无关"。这哪里值得严复用一个"难"字来感叹？简直是"译事三易：信、达、雅"，学过几句外语的人，谁不能做这样的翻译？这样的要求，等于没有要求。无怪乎百年来劣译层出，而对"信、达、雅"的讨论又流于案头清谈，无补于事。

"信、达、雅"是对翻译的总体要求，也是对翻译者个人素质的要求，是全局性的，而不是具体指导翻译实践的标准。指导翻译实践需要根据具体对象和目标，提出更切实、更有针对性的办法。这是我们要郑重提出"译文三合：义、体、气"的原因。这是针对具体翻译，特别是典籍英译提出的具体建议，是翻译过程中可操作的手法，也是翻译批评中可操作的标准。换句话说，"信、达、雅"是翻译之"道"，"义、体、气"是翻译之"术"。

"信、达、雅"是从传统文章学的角度，提出对译人的要求，对翻译过程、两种语言能力的要求只是隐含其中。而讨论具体翻译过程的理论则必须涉及两种语言及其转换关系，这是我们用"合"字的原因。"合"是相合，也就是"对应、匹配"。译文和原文要在三个方面做到相合，就是"义合、体合、气合"。从译者角度看，"三合"是操作手法，是"译而使之合"，也可称作"三传"："传义、传体、传气"。从读者角度看，"三合"是批评标准，是"验其是否合"，也可称作"三品"："品义、品体、品气"。"三合"的要求有高低之分，"义合"是最低要求，"体合"其次，"气合"则是高要求，也是努力目标。

2."义合"

"义合"要求译文和原文在字、辞、句、篇各方面的意义必须相合。这里有三点需要说明。

第一，我们强调的是"义合"而不是"意合"。许多人以为"意""义"是同义词，可以随便换用，其实两者是有区别的。"意"字字形从"心"，表示心理意念，说明这个意义是主观的理解；与之相对，"义"字本义为"宜"，更强调客观的意义。"意"和"义"合成双音词"意义"，看似只有一个意思，其实在使用时是有偏差的。"这个字的意义是什么"，强调的是"义"，"这件事的意义是什么"，强调的是"意"。在翻译史上有"直译、意译"之争，"意译"就是"以意为之"的翻译，是一种主观性很强的翻译方法。在程度不同的各种"意译"之间，是很难做出价值判断的。而在外来词引进史上有所谓"音译、义译"之争，"义译"就是词义的客观翻译，不是什么人都可以以意为之的。"义译、意译"的区别在 20 世纪 50 年代以前是很清楚的，只是到了50 年代之后，一些外来词研究者开始用"意译"代替"义译"，后人陈陈相因，以至积非成是。我们在这里强调"义合"而不是"意合"，就是强调两种文本在客观意义上，而不是在主观意义上密切相合。这就要求读书不能"不求甚解"，陶渊明"好读书，不求甚解，每有会意，便欣然忘食"的读书方法在翻译的起始阶段是不适合的。翻译要求对原文认真阅读，透彻理解，要了解每个字辞的意义和章句的意义，同时能在译语中找到最合适、最匹配的词语和表达方式。

第二，从传统文章学的角度看，"义"有如下三个内容：

一是字辞义。杜甫说"读书难字过"（仇兆鳌 2007：798），就是说读书难在要字字过目、字字过关。对于典籍英译来说，我们尤其强调要"识字"。读汉语文章，特别是古文，必须要从识字起。这是因为，古书是以字为本位的，一字认错，可能带来全句、全篇的误读。识字要注意三个方面，一是就字识字，二是联系上下文识字，三是由于"诗无达诂"，古书一字歧解的很多，这就要有识见，要用整体的眼光，联系作者的其他作品，寻找最合适的解释。"辞"是两个字以上的固定（或临时固定）的组合，在古文中主要指古代专名及联绵字。

二是组织义。这是文章学的核心之一，刘勰（1986）说："因字而生句，积句而成章，积章而成篇。"这就是古代文章组织学的大纲。有人说中国古代没有语法学，其实如果把语法理解为语言的组织法的话，这就是最概括的语法学。现在谈语义，通常包括词汇意义和语法意义。如果说字辞义是词汇意义，那么组织义就是语法意义。语法意义是字词在组织过程中产生的意义。简单地说，1 加 1 大于 2，这多出来的意义就是语法或者"关系"所赋予的。语法意义在外译中和中译外时侧重不同：外译中的语法意义强调的是西文的语法范畴和语法形式的意义，要在译文中得到体现；而中译外时，语法意义主要就体现为章句的组织意义。最需要注意的，一是"补缺"，二是"关联"，三是"抉择"。"补缺"是因为中文没有形态，译成英语时需要做加法，增加必要的主语、代词、数和时的各种形态标记等。加法的翻译是"无中生有"，但这个"无"是字面所无，理中所有，因而必须细细阅读体会，慎重添加。"关联"是因为中文尚简，逻辑关系往往隐含在字里行间，需要译者、读者细细领会。且对于一些不用关联词语组成的一句或几句话，尤其要理清其逻辑关系，做出正确的理解。由于逻辑关系隐含，对同一原文做出不同理解是经常的，这就需要善于在不同见解中加以"抉择"。在古籍英译中常能见到别出心裁的"别解"，对此尤要慎重，其使用要有充分的理由，不能务新好奇。典籍英译中有一个著名的例子，是杜甫《春望》中的"感时花溅泪，恨别鸟惊心"一联，Fletcher（1933：97）译作：

In grief for the times, a tear the flower stains.

In woe for such parting, the birds fly from thence.

由于"感时"和"恨别"没有主语,"泪"和"心"前面也没有物主代词修饰,字面上看不出是谁在感时、溅谁的泪,谁在恨别、惊谁的心,Fletcher 从西文结构出发,想当然地认为主语就是后半句的"花、鸟",但这违背了一千多年来中国人的普遍理解。有人认为这是一种"别解",有新鲜感,但我认为新鲜感的前提是"别解"要胜过原解。如果不能胜过,只是为"别"而"别",就只能看作故意标新立异,是无法接受的。而这里的新解"花感时而溅泪、鸟恨别而惊心",就远不如原解"因感时而见花溅泪、因恨别而闻鸟惊心"来得深刻,就是不能接受的"别解"。再有,从深层次看,别解产生的原因应该是译者对作品有超过他人的见解,这里是不是呢?我们看译者对本诗最后一句的翻译就知道了。这句的原文是"浑欲不胜簪",他译作:

My own foolish wishes my pen cannot wing.

五个字只译对了一个字"不",其他四个字他都没看懂,亦即达不到我们这里说的"义合"。整句话变成了"我的笔飞不过我傻乎乎的欲望"。在这样的背景下,说"感时"一联的翻译是高明的"别解",实在是过于抬高了,其实只是译者的中文水平不逮而已。

三是系统义。在紧接上面一段话之后,刘勰又说:"篇之彪炳,章无疵也;章之明靡,句无玷也;句之清英,字不妄也。"(刘勰 1986)这更是中国文章学的特色。我(潘文国 2002:190-216)在《字本位与汉语研究》一书中说中国的章句学有两个内容,其一是生成论,其二是调控论,分别体现在刘勰的这两段话里。西方的语法学只有生成论,没有调控论,现在的篇章语言学谈到了篇章,但没有文章学那样以大观小、从篇章到字的系统观。这两段话的后面,刘勰说:"振本而末从,知一而万毕矣。"(刘勰 1986)这个"本"和"一"就是"字",文章最后还是要归结到字,这可以说是中国文章学的"还原论""归结论",也就是"字本位论"。

第三,所谓"合",需要活看,不能呆看。合是"对应(correspondence)""匹配(match)",不是"逐字死译(word for word translation)"。具体来说,我们主张原文的每一个"字"在译文中都要得到照应,照应的方式是活的,可以在译文的字面上出现，也可以在译文中隐含，而且其位置和顺序也不一定一致。"合"不追求丝丝入扣，更不把从字典上找出来的解释当作具体上下文中的字义。至于各字在句中的位置和顺序与原文完全一样，这在中英互译中几乎是做不到的。

除此之外，"义合"还有字义的轻重、雅俗、古新、褒贬等，对两种语言功力的要求很高。这里就不一一细说了。

3. "体合"

"义合"只是成功翻译的第一步，第二步就要力求"体合"。"体合"，反过来说是"合体"，就好像量体裁衣，要合体适身、铢两悉称。关于"体合"，我们也提出几点来讨论。

第一，如果说"义合"强调的是内容，则"体合"强调的是形式。说话的形式也许不重要，但文章的形式极其重要。中国文章学自古就有"尊体"和"辨体"的传统，文体论和创作论（不少与形式有关）几乎占了《文心雕龙》的大部分。从翻译的角度看，如果只有内容的翻译，没有形式的转写，就不是完整的翻译。人们常说，"文学是语言的艺术"，其实从文章学的角度，更精确的说法应该是，"文章是语言形式的艺术"。从中文的传统看，非文学的文章也要讲形式，也要讲艺术。起源于西方的文学理论把文学和非文学区别得很清楚，其翻译理论也区分文学和非文学，认为严复的"雅"仅仅是针对文学翻译的（偏偏严复本人没有翻译过文学作品），而一般翻译，特别是实用文体的翻译就只剩下了"忠实、通顺"两个标准。正是在这种前提下，那些不重视文采，甚至无法卒读的"翻译"才得以平安过关。有人认为实用文体在语言上没有什么高下之分，但事实并非如此。我们不妨举一个古文今译的例子。我曾在给学生讲魏徵的《谏太宗十思疏》时，请学生把"十思"的内容翻译成白话文。原文是整齐的十句，但多数学生的译文只译出了原文的意义，很少考虑到句式的整齐，只有两篇译文除了注意译出意义外，还注意了句式的整齐和句子结构的对应。阅读下来，哪种效果好是显而易见的。古文今译是雅可布逊说的"语内翻译"，我们一般讨论的中外对译是"语际翻译"，但二者在很多地方是相通的，由于汉语是我们的母语，看语内翻译的例子也许更直观。这个例子告诉我们，不管什么翻译，形式问题是重要的。

第二，"体"当然首先指"文体"。"文体"研究在近年来是显学，不过从西方引进的理论更重视"语体"或语言风格之体，例如口语体与书面体、文雅体和俚俗体、标准语体和方言体等。而中国传统文章学除重视"体性"（刘勰语，指现在的"风格"）外，更重视的是"文体"，即文章之体。中国最早出现的文体甚至可以追溯到中国最古老的书之——《尚书》，其中已有了"诰、谟、典、誓、贡、命"等十种文体。其后，曹丕的《典论·论文》、陆机的《文赋》开始有了明确的文体观念，到挚虞的《文章流别论》、萧统的《昭明文选》就蔚为大观，再到刘勰的《文心雕龙》，文体论思想已十分成熟。中国古代文章的分类比西方细得多，比现代汉语也细得多。分类之细除了与对象（如君对臣、臣对君）及功用（如铭赞、章奏、赠序、书信等）有关外，主要跟语言的形式有关。翻译中的"合体"，首先就要求形式相应。最起码的要求是，诗要译成诗，词要译成词，辞赋、骈文的特色都要在译文中有所体现。以往的翻译理论，强调翻译是意义的传达，形式问题可以不顾，因而，把诗译成散文，把戏剧译成故事，在那种理论下都是很正常的。在中国典籍的外译中，诗、词不分，骈、散无别，整个中国文学只剩下诗、文两大类，其余全成了"一锅粥"，甚至有人连诗、文之间的界限也要"打破"。但是我们注意到，在一片"打破"声中，只有诗被译成散文、戏剧被译成故事的情况，却没有反过来，把散文译成诗、把故事译成戏剧的情况。可见在这些译者的心中，文体的概念还是有的，只是尽量走方便的路而已。借用标记理论，总是从有标记的文体走向无标记的文体，而不是相反。例如在诗与文上，诗是有标记的，文是无标记的，就只想把诗译成文，而不会相反。在诗的翻译上，格律是有标记的，不讲格律是无标记的，就只见把格律诗译成非格律诗，也不会相反。最严重的是，外文被看作有标记的，汉语被看作无标记的，因此在外译中的时候，亦步亦趋，不敢稍有违背，而在中译外时，丝毫不顾中文的文体特点。所谓"忠实"云云，总是针对外译中，而不是中译外的。如果以前由于历史原因，我们对此考虑不多还可以原谅的话，那么到了中国文化大踏步走向世界的当代，无视中国传统丰富的文体之学，就是极不应该的了。

第三，中国古代的文体学十分发达，以文体分类而言，起初不过十几类、三十几类，近代吴曾祺（2007）的《涵芬楼文谈》将文体分为 13 大类、213 小类。要译者兼顾全部文体的特点是不可能的，但我们从分类的根本方法上看，就可以看到分类的原则无非两大类：一类是内容，另一类是形式。古代的"论辩"一类，即现在的论说文，就是按内容分的，这一大类下又可分为"陈政、释经、辨史、诠文"四小类，分别相当于现在的政论、哲论、史论和文论，翻译时无须考虑不同的形式。又如"奏议"和"诏令"之别在于对象，前者是臣对君，后者是君对臣，其主要不同在于用词，我们可以放在"义合"方面去分析处理。真正在"体合"翻译时需要考虑的是语言的形式。中国古代文章分类虽然繁复，但从语言要素来看并不多，主要有四大要素，要素不同，造成了中国古代的各种文体。掌握这些要素，表现这些要素，我们就可以轻易做到"体合"。这四大要素是"韵、对、言、声"。

韵："韵"即押韵，押韵是有标记的，不押韵是无标记的。有韵无韵决定了中文的"文、笔"两大文类，"无韵者笔也，有韵者文也"（刘勰 1986）。诗经、楚辞、唐诗、宋词、元曲，以及箴、铭、颂、赞都是韵文。这里特别需要指出的是，赋，不管是汉代的大赋，还是唐宋的小赋，都属于韵文。把韩愈的《进学解》或苏轼的《赤壁赋》译成完全不押韵的散文在文体上是错误的。

对："对"指对仗，对仗是有标记的，不对仗是无标记的。是否对仗区分了"骈、散"两大文类。南北朝起骈文特别发达，唐宋也有许多出色的骈文作品，例如王勃的《滕王阁序》。骈文的基本特色就是对仗，不能反映出这个特色，把骈文译得跟散文一样，在"体合"上就是失败的。其后特别讲究对仗的文体主要是对联和八股文，前者至今还有强大的生命力，后者本是明代文体的代表，20 世纪以来被批得体无完肤，现在正逐渐重新引起人们的关注。

言："言"就是字，一言就是一个字，或者说一个音节。中文是以字为本位的，因此"言"是组成文章的一个要素。"言"有两种分类。第一种是从齐言杂言的角度分类，各句长短一样的叫齐言，不一样的叫杂言，也叫长短句。杂言是无标记的，齐言是有标记的。中国传统的四言诗、五言诗、七言诗等都是齐言的，对联也是齐言的；词、曲等就是杂言的。但杂言也有规律，词的长短句是不可以乱来的。第二种是从长言短言的角度分类，一般来说，四言以下大概可称为短句，六言以上就是长句。在同样的韵文中，箴、铭、颂、赞一般是短言，赋则以长言为主。另外，诗文内部也有长短之别。

声："声"指声调，在中国文章学中主要指平仄的对立与分布。讲平仄是有标记的，不讲平仄是无标记的。唐以后的诗、文，许多都是有声调标记的，如骈文、律赋、律诗、词曲、八股文、对联等。而散文一般是无声调标记的。

这些要素的错综运用，形成了各种主要文体的基本特点。比如诗和词在其他特点相同的情况下，有齐言和长短句的不同，骈文和散文有讲不讲对仗和平仄的不同，《诗经》的四言与汉代的五言、唐代以后的七言也有长短的不同。翻译就应尽可能地把这些特点表现出来。如果我们把诗译成散文，或把词译得跟诗没有分别，就没有完成介绍中国文化的任务。

第四，需要特别注意的是，文体首先体现为整篇文章的体裁，但上述要素的运用，在许多情况下是个"量的累积"的问题，某种标记的要求累积到一定的程度，就成了典型的某种文体，但同时也允许某些无标记成分的存在。例如：赋是押韵为主的文体，但开头、结尾、中间过渡处都允许有不押韵的句子存在；骈文是以对仗为主的文体，但开头、结尾等处也允许有散句存在，反过来，散文中也会时常出现讲究对仗的骈句，也会出现若干押韵的地方。骈散结合甚至可以说是唐宋以后散文的特色，唐宋八大家中成就最高的韩愈、欧阳修、苏轼就最喜欢这种骈散结合的文风，这甚至成了他们的文章的特点。因此翻译的"合体"，不仅要注意整个体裁的"合体"，还要注意文章中各个细节的文体特点。

第五，翻译中"体合"比"义合"要难，也更复杂。"体"主要体现为语言的形式，而各种语言又很不相同，存在着此有彼无的情况。例如：上述汉语文体的第四个要素（平仄之分）在英语中就不存在，英语强弱音节形成的各种音步，在汉语中也不存在。即使有共同的文体要素，也存在着不同的使用习惯，例如：同样是押韵，汉语喜欢一韵到底，而英语喜欢频繁换韵。可见，"体合"

是个相对的概念。这个相对性表现为，文体的翻译归根到底只是"标记性"的翻译，首先就是尽可能利用自身语言的各种手段来表现原文各种形式上的全部差别。例如：汉语诗歌没有强弱律，在把英诗译成汉语时就可调用"顿"或"平仄"的手段，反之亦然。其次，在做不到完全相应的情况下，用相对的因素来表达。例如：汉语的四言、五言、七言不可能正好翻译为英语的四个、五个、七个音节或音步，那就可以用相对的长度来表示四言、五言、七言的区别。比如在同一首诗里，有三言，有七言，七言的译文就总该比三言的要长一些。五言的《孔雀东南飞》译成英文，总不该与七言的《长恨歌》完全一种味道吧？

从目前情况来看，中国典籍的英译，译得较多的，一是先秦经典，二是唐诗等历代诗歌，三是明清小说。相对薄弱的环节是汉以后的散文。今后我们将会越来越多地涉及这个领域。在大规模译介开始之前，强调翻译要努力做到"体合"是很重要的。

4. "气合"

仔细加以考察，会发现：过于强调"义合"，可能会造成"死"的后果，死抠字眼；过于强调"体合"，可能会造成"板"的后果，不知变通。如何使译文不"死"不"板"呢？要有一条灵动的线来穿插，这条线就是"气"。故"义合、体合"之外，还求"气合"，求"气合"就是打破"义合、体合"的死板模式，以追求灵动的翻译效果。"气"可与许多相关的字，形成不同的组合，如神气、气韵、气势、气骨等，这些组合各有侧重，但其中最核心的是"气"。自从汉末曹丕（转引自刘勰 1986）在《典论·论文》中提出"文以气为主"的命题以后，"气"成了历代文章家追求的目标，既是他们修身的手段（"我善养吾浩然之气"，出自《孟子》），也是文章的最高境界（"气盛，则言之短长与声之高下者皆宜"，出自韩愈《答李翊书》）。从事中文典籍外译，应该有勇气传递原文的神气，并在外文中以适当的方式表现出来，作为自己的崇高追求。关于"气合"，有以下几个方面需要说明。

第一，什么是"气"？"气"虽然是中国文章学的核心概念，但在西方文艺理论中找不到与它相对应的概念,它与中国哲学、美学中其他一些元概念"道、理、神、韵、味"等一样,很难译成外语。因而20世纪以来的文艺理论家都不谈这个概念,而且斥之为玄虚之谈。我们现在要问的是:为什么西方没有的,我们就不能有?为什么自己解释不了的,就一定是玄虚、不可知的?100多年来的中外文化交流中,我们一直在引进,一直在寻找外国有、中国没有的东西,为什么不能反过来,找一找中国有、外国没有的东西,以此来丰富外国的文化和艺术?说到底,"气"这个东西,曹丕、韩愈所处的时代可能确实说得不够清楚,但到后来,已经说得很清楚了,只是我们没有重视而已。清初文学家刘大櫆(2007)是把这个概念说得最清楚的。"气"并不神秘,就是音节的调配与句子长短的安排而已。

第二,为什么"气"是中国文章学的灵魂,也是中国典籍外译的最高追求?音节调配与句子长短只是"气"的表现,"气"的本质在于它是使文章"活"起来的手段。其实"气"不但是文章学的核心,也是中国其他艺术的最高追求。中国绘画理论的最早文献之一,南朝谢赫的《古画品录》谈到"画有六法",历来被画家奉为圭臬。其中,第一条就是"气韵:生动"(见李来源、林木 1997:55)。"生动",现代很多人不假思索地把它看作一个双音词,等于英语的 lively。其实,读古文必须首先立足于字,从字的角度看,这是一个动宾结构,意思是"生出动感",能产生动感的就是"气韵"。这是中国所有艺术门类的最高追求,也是中国艺术的最大特色。前面说到,如果写文章或翻译文章只关注"义"和"体",就会流于非"死"则"板"的状态,要使"义""体"活起来,就一定要注入"气"。我曾经主张,"音义互动是汉语组织的最根本规律"(潘文国 2002:246),在这里也可以得到证明。因为"体"在本质上就是"音",其"韵、对、言、声"四个要素都与音或音节有关,"义、体"关系就是"音、义"关系,要用"气"使它们互动起来,成为活的东西。西方没有"气"的说法,也没有"音义互动"的说法,但这不等于说,西方文论中没有这种东西,或西方文学、艺术中没有这样的追求。英国大散文家赫兹列(William Hazlitt)写过一篇文章 On Gusto,gusto 这个词很不好译,从赫兹列的解释和举例看,这个词的意义非常接近于我们说的"气韵",但20年前我翻译他的散文集时还不想把"气"的概念引入西方，几经考虑，把它译成了"韵味"（赫兹列 1999：90）。西方人写文章同样讲究节奏和韵律，也有文章写作上的很多技巧，其实也有"行文之气"。只是西方美学家自己没有这种说法，我们就误以为他们没有这种需要，于是翻译时就只考虑"意义"（"义"）和"形式"（"体"）两个方面，而忘掉了"神"的方面，或误以为只有文学作品的翻译才有这个需要。但如果说不清楚"神韵"是什么，又怎么在翻译中传递"神韵"呢？

第三，"气"或"神韵"到底指什么？它有哪些具体表现？怎么在翻译中得到体现？上面说到，以"气"组成的词语很多，说明"气"具有丰富的内涵。为了理解并传达"气"，我们有必要分得更细。下面我们把"气"分成四个更具体的概念"神、气、脉、味"来讨论。

神：刘大櫆论文，有时"神气"连用，有时"神""气"分说。下面是分说的（2007：4108）：

> 神者，文家之宝。文章最要气盛，然无神以主之，则气无所附，荡乎不知其所归也。神者气之主，气者神之用。

他认为"神"是主导的，"气"是为"神"所用的。那么"神"是什么呢？说穿了很简单，就是模拟他人口气。刘大櫆（2007：4117）说：

> 其要只在读古人文字时，便设以此身代古人说话，一吞一吐，皆由彼而不由我。烂熟后，我之神气即古人之神气……

从创作来讲，模拟对象，写得活龙活现，就是神；从翻译来讲，传达作者口气，一言一语皆如出其口中，就是神。翻译研究中有所谓"等值""等效"，从文章学的角度看，这些概念都没抓到要害。"等值"只是做到"义合"或"体合"，"等效"是从读者角度出发的，即译入语读者读译文得到的感觉，等于原语读者读原文得到的感觉。但这不是译者所能决定的，译者要做的是模仿原文的口气。设想我是作者，我要用译入语来表达我的意思，我会怎么写？这就是"神"，这个工作做好了，就是"传神"。中国人的这个功夫是八股文熏陶出来的。我们对八股文的意见以否定为多，其实从文章学角度看，八股文还是有不少可取之处的，"传神"的训练就是其中一点。写作八股文，最重要的原则是"入口气代圣贤立言"，从起讲开始，完全站在圣贤立场上，模仿他的口气说话。明代八股家张位说，要代圣贤立言，"必知圣贤之心，然后能发圣贤之言，有一毫不与圣贤语意相肖者，非文也。譬之传神然，眉目须发有一毫不逼真者，非文也"（转引自龚笃清 2010：9）。将这段话用在翻译场合也非常合适。

气："气"的本质就是音义互动，就是字句和音节的调配，包括长句短句的安排、散句偶句的运用，以及声调、停顿的操控等。跟"气"有关的词语一是"势"，二是"阴阳"，这些都说得清楚。"势"从物理学的角度看，是一种"位置"产生的能量，"蓄势待发"是一种能量，"一发而不可收"更是一种能量，特别有气势。我们读毛泽东的《沁园春·雪》，就可以体会到气势是怎么造成的。该词的下片云："惜秦皇汉武，略输文采；唐宗宋祖，稍逊风骚；一代天骄，成吉思汗，只识弯弓射大雕。俱往矣！数风流人物，还看今朝！"气势是怎么来的呢？作者先是用了两对偶句，积累了一定的"势"，再用一个单长句，层层而上，把势能蓄到了最高点。然而，用一个短句"俱往矣"收束，顿时就好像突然开闸放水，有雷霆万钧之力。这就是长短句和偶散句造成的效果。有人会不解：词牌的长短、偶散要求都是固定的，为什么别的诗句没有这样的气势呢？立意、选词、用语等当然很重要，但同样的格律不一定达到同样的效果。我们不用看别处，只要看同一首词的上片，在同一位置上的诗句是："望长城内外，惟余莽莽；大河上下，顿失滔滔；山舞银蛇，原驰蜡象，欲与天公试比高。须晴日，看红妆素裹，分外妖娆。"同样有气势，但比不上下片，这是为什么呢？因为上片的收煞处"欲与天公试比高"尽管也是一个单句，但它是一个长句，其作用是把前面几个短句一层一层推到最高潮，意义和节奏都到此为止。后面的"须晴日"淡淡开始，转向另一个内容，因而起不到下片三字句的效果。

说到"气"，必然会说到"阴阳"，在古代文论中，清朝的姚鼐（1989）把"阴阳说"发挥到了极致，他在《复鲁絜非书》一文中主张"文者，天地之精英，而阴阳刚柔之发也"，提出"阳刚、阴柔"之说。阳刚、阴柔首先取决于内容及作者的秉性，但作为文章的风格，与语言形式也大有关系。结合前人论述与我本人的阅读感受，从文法上看，阴阳大概有这些规律：以单句与偶句论，单为阳，偶为阴，单句有力，偶句平和；以长句与短句言，短为阳而长为阴，短句有力，长句平和；以散句与排句言，散为阴而排为阳，排比句气势要比散句壮；以实词与虚词论，实为阳而虚为阴，多用实词的比较强劲，多用虚词的比较委婉；以平声与仄声论，平为阴而仄为阳，多用仄声的比平声要有力（如"清风徐来"之于"水落石出"）；以字尾音言，鼻音为阳而元音为阴，因而前者称阳声韵，后者称阴声韵，前者宜抒发激昂慷慨之音，后者宜抒写幽清平和之境。姚鼐（1989：1447）总结说：

> 且夫阴阳刚柔，其本二端，造物者糅而气有多寡进绌，则品次亿万，以至于不可穷，万物生焉。故曰一阴一阳之为道。夫文之多变，亦若是已。

阴阳两气的调和造成了多姿多彩的作品风格和作家风格，需要译者仔细领会之后，以恰当的方式表达出来。

脉："脉"就是贯穿全文的线索或者作者的思路。这个"脉"字的用法最早见于《文心雕龙·章句篇》，刘勰（1986）说：

> 然章句在篇，如茧之抽绪，原始要终，体必鳞次。启行之辞，逆萌中篇之意，绝笔之言，追媵前句之旨；故能外文绮交，内义脉注，跗萼相衔，首尾一体。

"内义脉注"就是内部气流贯注，思路畅通。与之相对的"外文绮交"是说表面的文字通过各种方式错综复杂地交织在一起。这两句话比 cohesion（衔接）和 coherence（连贯）这对术语出现得更早。"绮交"就是文字形式的"衔接"，"脉注"就是意义思想的"连贯"。"脉"的背后也是"气"，近人吴曾祺（2007：6580）说：

> 是故本之所在，如水之有源，山之有脉，其忽见忽伏，忽断忽连，气实使之，固有莫知其然而然者矣。

英文中自然有衔接和连贯的技巧，韩礼德等（Halliday 1976）有过许多讨论。从中文的角度看，重复和停顿的技巧也值得注意，接续处尤见功力。许多人的文章读来不畅，便是脉络断了，气接不上。翻译中也有这样的情况，读来一顿一顿，每个字都认识，每句话也都懂，但通篇读来不知所云。这也是"脉"出了问题。明代文章家陈龙正（2007：2574）说：

> 脉者，相生不断之妙，千言一脉，通篇一脉也。然析千言观之，处处联贯，则各处之脉具在其中。所以文章唯篇法最赅括，最奥妙，讲之不尽。

可见文章之脉确实非常重要。

味：也叫"韵味"，因"韵"字在讲"体"的时候用过了，这里我们用"味"来总括这一内容。中国文章学讲究"韵味""韵致"。什么叫有韵味呢？答案其实很简单，就是"言有尽而意不尽"。近代古文大家、翻译大家林纾把"味"作为文章的最高境界，他（2007：6380）说：

> 论文而及于神味，文之能事毕矣。……神者，精神贯彻处永无漫灭之谓；味者，事理精确处耐人咀嚼之谓。晋张茂先曰："读之者尽而有余，久而更新。"宋吕本中曰："东坡云'意尽而言止者，天下之至言也。'然言止而意不尽，尤为极至。"张、吕二公所言，知味之言也。使言尽意尽，掩卷之后，毫无余思，奚名为味？

中国人创作文辞，最讲究的是言尽而意不尽，造成"余音绕梁，三日不绝"

的效果。而西文以直白为快，言尽意尽。在翻译中如何传达这种风味，确实也是"传神"的一个重大考验。

由此看来，非但"信、达、雅"兼备之译人难求，"义、体、气"兼备之译文也不易得。但是树立一个高标准对提高译文的质量是有益处的，我们应该像曾子"吾日三省吾身"一样，在每次动手翻译的时刻，做到"吾译三省其文：义无舛错乎？体无不周乎？神气俱在乎？"，以战战兢兢、如临深渊、如履薄冰的态度翻译，才能做出令读者满意、也令自己满意的作品来。

参考文献

• 陈龙正.举业素语 [M]// 王水照.历代文话:第三册.上海:复旦大学出版社，2007 : 2559-2594.

• 龚笃清.八股文百题 [M].长沙：岳麓书社，2010:9.

• 赫兹列.赫兹列散文精选 [M].潘文国，译.北京：人民日报出版社，1999.

• 李来源，林木.中国古代画论发展史实 [M].上海：上海人民美术出版社，1997.

• 林纾.春觉斋论文 [M]// 王水照.历代文话：第七册.上海：复旦大学出版社，2007 : 6323-6435.

• 刘大櫆.论文偶记 [M]// 王水照.历代文话:第四册.上海:复旦大学出版社，2007 : 4105-4118.

• 刘熙载.艺概 [M].上海：上海古籍出版社，1978.

• 刘勰.文心雕龙 [M].周振甫.文心雕龙今译.北京：中华书局，1986 : 306.

• 马克思.马克思恩格斯选集：第1卷.北京：人民出版社，1995.

• 潘文国.字本位与汉语研究 [M].上海：华东师范大学出版社，2002.

• 潘文国.严复及其翻译理论 [M]// 杨自俭.英汉语比较与翻译（5）.上海：上海外语教育出版社，2004 : 610-624.

• 潘文国.从"文章正轨"看中西译论的不同传统 [M]// 张柏然，等.中国译学：传承与创新——2008 中国翻译理论研究高层论坛文集.上海：上海外语教育出版社，2008 : 13-23.

• 仇兆鳌.杜诗详注：第二册 [M].北京：中华书局，2007.

• 吴曾祺.涵芬楼文谈 [M]// 王水照.历代文话.第七册.上海：复旦大学出版社，2007 : 6559-6630.

- 严复. 天演论·译例言 [M]// 罗新璋. 翻译论集. 北京：商务印书馆.1984：136-138.

- 姚鼐. 复鲁絜非书 [M]// 徐中玉. 古文鉴赏大辞典. 杭州:浙江教育出版社，1989：1446-1447.

- 章学诚. 文史通义校注 [M]. 叶瑛，注解. 北京：中华书局，1985.

- FLETCHER W J B.More gems of Chinese poetry [M]. Shanghai: The Commercial Press，1933: 97.

- HALLIDAY M A K，HASAN R. Cohesion in English [M]. London: Longman，1976.

- TOURY G. Descriptive translation studies and beyond [M]. Amsterdam & Philadelphia: John Benjamin Publishing Co，1995.

- TYTLER A F.Essay on the principles of translation [M]. London: J.M. Dent & Sons Ltd,1907.

- VENUTI L. The translator's invisibility [M]. London & New York: Routledge，1995.

郑重声明

高等教育出版社依法对本书享有专有出版权。任何未经许可的复制、销售行为均违反《中华人民共和国著作权法》，其行为人将承担相应的民事责任和行政责任；构成犯罪的，将被依法追究刑事责任。为了维护市场秩序，保护读者的合法权益，避免读者误用盗版书造成不良后果，我社将配合行政执法部门和司法机关对违法犯罪的单位和个人进行严厉打击。社会各界人士如发现上述侵权行为，希望及时举报，本社将奖励举报有功人员。

图书在版编目（CIP）数据

语译哲思：潘文国学术论文自选集 / 潘文国著. --
北京：高等教育出版社，2021.10（2022.8重印）
（英华学者文库 / 罗选民主编）
ISBN 978-7-04-056598-0

Ⅰ.①语… Ⅱ.①潘… Ⅲ.①语言学－文集 Ⅳ.
①HO-53

中国版本图书馆CIP数据核字（2021）第152528号

YUYI ZHESI
—PAN WENGUO XUESHU LUNWEN ZIXUANJI

策划编辑	出版发行	高等教育出版社
肖　琼	社　　址	北京市西城区德外大街4号
秦彬彬	邮政编码	100120
	购书热线	010-58581118
责任编辑	咨询电话	400-810-0598
秦彬彬	网　　址	http://www.hep.edu.cn
		http://www.hep.com.cn
封面设计	网上订购	http://www.hepmall.com.cn
王凌波		http://www.hepmall.com
		http://www.hepmall.cn
版式设计	印　　刷	河北信瑞彩印刷有限公司
王凌波	开　　本	787mm×1092mm　1/16
	印　　张	10.5
责任校对	字　　数	159千字
艾　斌	版　　次	2021年10月第1版
	印　　次	2022年8月第2次印刷
责任印制	定　　价	70.00元
耿　轩		

本书如有缺页、倒页、脱页等质量问题，
请到所购图书销售部门联系调换